J'AIDE MON ENFANT À RÉUSSIR À L'ÉCOLE

Hélène BISE
Corinne GOODMAN

J'AIDE MON ENFANT À RÉUSSIR À L'ÉCOLE

Odile Jacob

15, rue Soufflot, 75005 Paris

www.odilejacob.fr

ISBN 2-7381-1555-1

À nos enfants qui nous ont aidées à grandir.

Introduction

« Tout allait bien jusqu'en maternelle »

Et puis un jour, peu après son entrée au CP, la maîtresse nous prend à part pour nous annoncer avec un regard trahissant une anxiété réelle ou feinte : « Il a du mal avec la lecture. »

Et soudain, c'est comme si le spectre de l'échec scolaire s'abattait brutalement sur nous !

Du parent comblé que nous étions encore il y a quelques mois, visionnant en boucle la fête de fin de maternelle, nous voilà changé d'un coup de phrase maudite en parent dévoré d'inquiétude et taraudé par le doute : « Mon enfant est-il en retard ? », « Il ne pense qu'à jouer, est-ce normal ? »

Il a à peine plus de 6 ans, et nous nous inquiétons de ce qu'il aime jouer ! Comme si l'époque bénie du jeu était à jamais révolue sous prétexte qu'« il doit savoir lire en fin de CP ». Que la pression émane des parents ou de l'école, l'enfant se sent déjà inquiet de ne pas y arriver.

Sylvie, institutrice en CP, fait part de son étonnement et de son inquiétude lors d'une réunion de début d'année destinée aux parents : « Nous sommes en septembre et certains enfants me disent avoir des problèmes avec l'écriture ou la lecture. » Beaucoup de parents ont en effet devancé l'appel et commencé l'apprentissage de la lecture dès la moyenne section. L'enfant, de son côté a, bien sûr, entendu l'inquiétude parentale et son bel enthousiasme s'en est déjà trouvé assombri.

Parfois les inquiétudes surgissent plus tard.

« Rien ne va plus depuis le collège »

« En primaire, il était dans la bonne moyenne, il a même fait un excellent CE1. Il faut dire qu'il adorait sa maîtresse. Depuis son entrée en 6e, c'est la dégringolade. » Cette phrase, nous l'entendons très souvent. Elle traduit le fait que les enfants qui ont ou ont eu des facilités intellectuelles ont tout de même besoin d'apprendre à s'organiser, d'apprendre à apprendre. Or souvent ils ne savent pas travailler et les premiers mauvais résultats les inquiètent tellement qu'ils perdent progressivement confiance en eux, leurs parents perdant aussi confiance en eux-mêmes et en leurs enfants. Ces enfants se réfugient alors derrière une démotivation inconfortable pour eux, mais moins difficile à accepter que ce qu'ils supposent être un échec. Cette démotivation est insupportable pour les parents et pour les enseignants, et chacun cherche des causes, prend des mesures, tente de trouver la solution. Certains y arrivent et alors tout rentre vite dans l'ordre. D'autres fois, c'est plus difficile.

« Tu devrais l'emmener voir quelqu'un »

Une amie à qui l'on s'est confié nous donne des conseils qui achèvent de nous angoisser : « Tu devrais l'emmener voir quelqu'un. »

Quel que soit l'âge de l'enfant en difficulté scolaire, la question demeure : « Voir quelqu'un, oui, mais qui ? » Vers qui se tourner en cas de problème ? Faut-il consulter le pédopsychiatre, le psychologue scolaire, l'orthophoniste, le psychomotricien, le graphothérapeute, etc. ?

Il semble que les difficultés scolaires soient souvent vécues comme le symptôme d'une pathologie sous-jacente et que la tendance actuelle soit à une médicalisation de l'échec scolaire.

Bien entendu, il n'est pas question de négliger le recours à un spécialiste lorsque l'enfant présente des troubles spécifiques ou importants : un enfant souffrant d'une phobie scolaire ou présentant des signes dépressifs doit bénéficier d'une psychothérapie. Un enfant ayant des troubles du langage ou souffrant de dyslexie sévère doit être pris en charge par un orthophoniste.

Mais notre expérience nous a prouvé qu'un grand nombre d'enfants en difficulté scolaire ne nécessite pas de suivi thérapeutique. Dans ces cas, notre intervention consiste à les aider à mobiliser leurs ressources, à les accompagner dans la réalisation de leurs objectifs. Dans l'optique thérapeutique classique, on s'efforce de comprendre « pourquoi ça ne marche pas », nous recherchons avec l'enfant « comment faire pour que ça marche ».

Le plus souvent donc, pas de problèmes particuliers, sauf ces difficultés qui minent la vie de toute la famille et assombrissent l'avenir de l'enfant. « Il ne sait pas se concentrer », « Il manque de confiance en lui et on lui reproche de ne pas participer à l'oral », « Il travaille, mais perd tous ses moyens lors d'un devoir sur table », « Rien ne l'intéresse, il est démotivé. »

Des difficultés scolaires peuvent réellement engager l'enfant dans une voie dont il lui sera difficile de sortir, une spirale de l'échec, due à un manque de confiance grandissant, et à la progressive mise en place d'une étiquette de mauvais élève dont il aura de plus en plus de mal à se défaire. Du manque de confiance à la démotivation, le pas est vite franchi. Tous les enfants en difficulté ou en échec scolaire ont derrière eux une histoire de perte progressive de confiance en eux. Et les parents de perdre rapidement confiance aussi.

C'est du soutien parental qu'il va être question dans ce livre dont l'ambition est de vous aider à apporter à votre enfant le soutien dont il a besoin en l'aidant à mobiliser ses ressources, de vous donner des pistes, des clés, des techniques pour aider votre enfant à réussir. Par ce livre, nous voulons vous redonner espoir et confiance et vous transmettre des outils pour vous prouver que vous avez le pouvoir d'aider vos enfants. L'enfant passe l'essentiel de son temps à l'école, il y apprend un savoir, mais aussi un savoir être et un savoir-faire. Il y développe ses diverses formes d'intelligence, cognitive, relationnelle, émotionnelle. Il y construit ses premières relations avec les autres, apprend à apprendre, découvre le plaisir de la découverte et celui du travail bien fait. Cette vision idyllique ne correspond pas toujours à la réalité, et au fur et à mesure que les années passent, elle s'évanouit imperceptiblement.

Chaque enfant possède à la naissance la soif de connaître et de découvrir, qui devrait conférer à l'école un caractère jubilatoire plutôt que seulement obligatoire. Plaisir et apprentissage sont étroitement liés. L'enfant apprend mieux dans le plaisir. Nous verrons tout au long de cet ouvrage comment réveiller ce plaisir d'apprendre chez l'enfant.

L'aider à reprendre confiance, le soutenir dans sa motivation, l'aider à mettre en place une méthode, lui donner des clés pour apprendre à apprendre, c'est tout cela que vous pouvez faire pour accompagner votre enfant. Notre but dans cet ouvrage est d'aider l'enfant ou l'adolescent à développer son potentiel, à exprimer le meilleur de lui-même au regard de ses talents propres, de ses spécificités, de sa personnalité. Sans oublier, malgré l'angoisse de la réussite scolaire et le culte de la performance véhiculé par la pression sociale, que c'est l'épanouissement qui prime.

CHAPITRE PREMIER

Reconsidérez les difficultés scolaires de votre enfant

Personne ne détient la solution miracle, sinon l'enfant lui-même

Aider l'enfant à donner le meilleur de lui-même, telle est la mission d'un coach et notre conviction est que vous, parents, pouvez être de très bons coachs pour vos enfants. L'objectif de ce livre est de vous proposer, que vous soyez parents ou que vous vous occupiez d'enfants, des techniques, des modèles d'interventions qui ont fait leurs preuves dans le domaine du coaching ou de la thérapie afin que vous puissiez vous les approprier et les utiliser pour améliorer l'aide que vous apportez aux enfants.

Voilà un message qui devrait contribuer à nous déculpabiliser, mais qui va aussi nous renvoyer à nos responsabilités éducatives. Car personne d'autre mieux qu'un parent ne saurait aider son enfant à surmonter ses difficultés, à se construire, à se révéler à lui-même. Or c'est souvent la confiance qui nous fait défaut. Nous doutons tellement de nos capacités à éduquer nos enfants, que nous préférons nous adresser systématiquement à un tiers. De ce fait, nous prenons l'habitude de voir les solutions à l'extérieur de nous-mêmes, et de faire davantage confiance aux spécialistes de l'enfance qu'à nous-mêmes, parents professionnels ! Incidemment c'est aussi le message que nous faisons passer à nos enfants ! Ce n'est qu'à l'extérieur de soi que l'on trouve la solution et l'aide, or justement c'est l'attitude inverse que vous allez progressivement intégrer.

Ni l'école, ni les professionnels de l'enfance ne sauraient se substituer à nous parents dans notre rôle d'éducateurs, et il nous faut bien admettre que la scolarité mérite un véritable travail parental. L'ambition de ce livre est de vous accompagner dans ce travail afin qu'il devienne un plaisir.

L'accompagnement scolaire, tel que nous l'entendons ici, est issu pour ses techniques et son mode de pensée de la thérapie familiale et de la PNL (programmation neurolinguistique). Il se situe également du côté des courants de pensée orientés vers la recherche de solution : aussi partons-nous toujours des compétences et des ressources que possèdent toute famille et chaque enfant.

Comment faire pour que ça marche ?

Mathieu vient en consultation avec ses parents, pour des problèmes d'écriture. Il est en CE1 et depuis le CP son écriture est difficile et hésitante alors que par ailleurs tout se passe bien. L'institutrice en a informé les parents à plusieurs reprises et Mathieu lui-même reconnaît ses difficultés sans pour autant renoncer à écrire, il adore ça.

Un problème ne se produit pas tout le temps, et si Mathieu a des difficultés pour écrire, il y a des domaines dans lesquels il excelle, peut-être le dessin et la peinture, mais peut-être aussi sa capacité à se faire des amis. Voir les compétences de son enfant, c'est reprendre confiance en lui, lui redonner confiance donc et l'aider à s'améliorer plus facilement. Nous apprendrons en questionnant Mathieu, par exemple, qu'il aime ce qui est nouveau, et qu'il est plus facilement motivé par un résultat immédiat. Ce qui implique que dans un domaine difficile pour lui, l'écriture, il va falloir encourager particulièrement chaque progrès même minime dans ce domaine. Le travail avec lui s'est principalement concentré sur cet apprentissage de la patience et de la minutie, compétences qu'il avait dans d'autres domaines, comme l'apprentissage de la lecture, ou celle d'un instrument de musique. L'encourager à dessiner, à colorier a été dans son cas suffisant. Les parents, par ailleurs, étaient très partants pour cette aide assez ludique.

« Comment faire pour que ça marche ? » implique que chaque enfant possède en lui les compétences nécessaires à son développement et à son épanouissement. La clé est sous nos yeux et nous ne la voyons pas toujours. Voir ce que notre enfant sait déjà faire, ce qu'il a déjà mis en œuvre pour que des difficultés ne se présentent pas ou comment il a résolu certaines difficultés quand elles se sont présentées, apprendre à marcher par exemple, cela s'apprend. Il arrive que certains enfants dits mauvais en mathématiques aient de bons résultats. Nous leur posons alors la question : « Comment as-tu fait pour t'améliorer, pour avoir cette note, pour faire mieux que la dernière fois ? », « Qu'est-ce qui était différent, as-tu révisé différemment ? », « Comment as-tu ressenti le fait d'avoir une bonne note ? »

Toutes les démarches que nous entreprendrons pour aider nos enfants pourront s'avérer efficaces ou non, puisqu'en matière d'aide, il n'y a pas de vérité, il y a ce qui marche et le reste. Si vous consultez un orthophoniste et que cela donne de bons résultats, vous êtes sur la bonne voie. Si vous avez opté pour des cours particuliers et que vous ne remarquez aucune progression, pourquoi s'acharner ? La solution n'est peut-être pas adaptée, ou pire, peut-être même contribue-t-elle au problème ?

Changer de regard : une amorce de solution

L'enfant évolue dans un environnement affectif dont l'impact est considérable sur son bien-être, son équilibre et sa scolarité. Le climat affectif pouvant soit entraver l'apprentissage soit le favoriser. L'inadaptation scolaire peut être la manifestation d'un dysfonctionnement relationnel et dans tous les cas, il y a un message à décoder derrière tout comportement de l'enfant. Se mettre en échec scolaire peut être un moyen pour l'enfant d'attirer l'attention de ses parents ou de l'un de ses parents. D'autres enfants se mettent en échec parce que la pression parentale est trop forte. Ainsi la réussite scolaire de nos enfants dépasse largement le cadre de l'école et nous ne pouvons, bien sûr, faire l'économie d'une réflexion à la fois personnelle et familiale.

Pour autant, prendre conscience de l'impact de l'environnement affectif sur la scolarité de l'enfant ne signifie pas « psychologiser » systématiquement la difficulté scolaire. On explique souvent le comportement d'un élève par le biais d'événements familiaux plus ou moins traumatisants : « papa vient de perdre son travail », « les parents divorcent ».

Nous savons tous qu'un divorce perturbe tout le système familial et que, de ce fait, les enfants sont confrontés à des difficultés particulières qui peuvent jouer sur leur réussite scolaire. Pourtant, d'un enfant à un autre, les événements ne sont pas vécus de la même manière et n'engendrent pas fatalement des symptômes.

La maman de Grégoire a été convoquée par le professeur principal. « Depuis le début de l'année, les résultats de Grégoire ont beaucoup baissé, il semble indifférent, ne participe plus et ses notes sont inquiétantes pour ce qui concerne son passage dans la classe supérieure. Avez-vous une idée de ce qui se passe ? » La maman de Grégoire est au bord des larmes lorsqu'elle nous raconte cela et ressent comme important de nous dire que le papa de Grégoire est parti depuis trois mois et que cela perturbe beaucoup les enfants. Nous comprenons sa situation difficile pour elle et pour Grégoire. Elle nous raconte aussi que, ayant parlé de cela au professeur, celui-ci a changé de regard sur son fils. Au lieu de considérer que Grégoire est opposant et se refuse à faire des efforts, il a vu un enfant en souffrance, et a adopté une nouvelle attitude à son égard. Ce qui importe ici, ce n'est pas tant le comportement de l'enfant qui reste le même, il est opposant et c'est le problème, mais l'interprétation que le professeur en a fait et qui a permis un changement d'attitude de sa part avec Grégoire et par là même un comportement différent de la part de Grégoire. Un nouveau point de vue sur la situation peut donc entraîner un comportement différent et une amorce de solution.
Pour réussir à changer quelque chose, il faut avoir prise sur le problème. Le professeur ne peut avoir aucune action sur la « cause » appelée « divorce » et nous non plus, mais nous pouvons avoir prise sur l'écoute de la souffrance puis sur la recherche de solutions, en l'occurrence travailler sur la remotivation dans ce cas.

Il vaut mieux chercher une solution dans un domaine où nous pouvons agir. Par exemple, dans le cas de Grégoire, il est possible d'agir sur le manque de motivation, mais pas sur le divorce lui-même. En effet, la séparation des parents, même si elle est la cause du malaise, est une limite par rapport à l'impact des enseignants ou même des praticiens C'est une réalité qui les laisse démunis. En revanche, nous avons le choix de voir la situation d'une façon ou d'une autre. Il est parfois difficile de montrer à l'enfant qu'il est entendu dans sa souffrance sans pour autant s'enliser dans la recherche des causes du problème. Dans le cadre de l'accompagnement scolaire, nous faisons le choix de nous focaliser sur la question de la motivation plutôt que sur la question du divorce, après lui avoir permis d'exprimer sa souffrance mais sans s'y enliser, et nous allons rechercher comment le motiver à partir d'aujourd'hui et pour l'avenir. Au lieu de nous intéresser à ce qui doit être changé, son comportement, nous nous efforçons de l'intéresser au tour que prendra la situation lorsqu'elle aura changé, lorsqu'elle se sera améliorée. Nous allons entourer l'enfant, le rassurer, lui redonner confiance pour qu'il se sente écouté dans sa souffrance, mais nous allons aussi travailler sur ses objectifs et l'intérêt qu'il y aurait pour lui à se remotiver.

Attention aux étiquettes

Fournir à un enfant des explications à son comportement peut le conduire à s'en servir pour justifier son comportement, et entraver un changement. Prenons le cas d'un enfant qualifié de « timide à l'école ». On peut effectivement tenter de trouver une explication à sa timidité. Imaginons que l'enfant ait été intimidé par sa première maîtresse jugée « très sévère ». Se focaliser sur cet événement passé ne nous donne pas de solutions concrètes pour aujourd'hui. Et l'enfant peut utiliser l'étiquette-problème comme justification à son comportement : « Ce n'est pas de ma faute, je suis timide. » Certes, ce n'est pas de sa faute, et il n'est pas question de le culpabiliser ; en revanche le changement est de sa responsabilité. « Mon enfant est timide », « je suis timide », autant d'expressions qui identifient l'individu et son problème. Les étiquettes diagnostiques laissent entendre que tel problème fait partie intégrante de la personne, ce qui l'empêche, elle et son entourage d'envisager des solutions.

Les petits changements provoquent de gros changements : l'effet boule de neige

Vous aurez peut-être l'impression qu'aider votre enfant en orthographe ne sera qu'une aide ponctuelle et pourtant en l'aidant dans ce domaine précis, vous lui pemettez de reprendre confiance en lui, à l'école, devant ses instituteurs, ses copains.

Aider un enfant à améliorer ses résultats à l'école aura un retentissement sur toute sa personne, sur son estime de soi, et sur tous les aspects de sa vie. Ce qui va dans le sens de notre objectif commun qui est, bien sûr, au-delà de la réussite scolaire de l'enfant, son épanouissement, son bien-être. Si tous les enfants qui réussissent à l'école ne respirent pas nécessairement la joie de vivre, en revanche un enfant qui se sent en échec n'est pas heureux, même s'il lui arrive de donner le change aux camarades de classe, voire de s'autoproclamer cancre par vocation.

Paul, 11 ans, aujourd'hui en 6e, est en difficulté scolaire depuis le CM1. Il affiche pourtant une décontraction un peu provocante qui ne résiste pas longtemps à l'entretien.
« Alors comment ça se passe à l'école ?
— Ça va, pas de problème, répond-il.
— Bien, qu'aimes-tu à l'école ?

— Les copains, le prof de gym, surtout les récrés !
— C'est super d'avoir des amis, et de savoir s'en faire, tu les as depuis longtemps tes copains ?
— Non, j'ai redoublé, ce ne sont plus les mêmes.
— Ah, c'est dommage.
— Oui je regrette, c'est embêtant, je m'ennuie et ça m'énerve, je ne comprends rien en classe.
— Tu penses que cela irait mieux si tu comprenais, ou si tu réussissais, tu t'ennuierais moins ?
— Oui et puis aussi, c'est la honte, enfin, je rigole, j'ai quelques fois "moins 35" en dictée, c'est la pire note, mais je n'arrive pas à faire autrement. »

On voit bien que Paul balance entre apparente désinvolture et souffrance sous-jacente. Ne trouvant pas de solutions à ses difficultés, il a choisi la moins mauvaise en apprenant à se faire des amis.

Notre parti pris, ici, est de choisir pour cadre de réflexion le contexte scolaire plutôt que de nous noyer, et vous avec, dans l'archéologie des problèmes. Connaître le pourquoi des problèmes scolaires ne nous donnera pas nécessairement la solution, en revanche, améliorer le contexte scolaire aura des répercussions sur tous les aspects de la vie de l'enfant.

Un changement du contexte ne signifie pas nécessairement dix années de psychothérapie, trois années de pension, deux ordinateurs et accès à Internet.

L'enfant au cœur de la relation parent-enseignant

Chaque personne impliquée dans une situation peut avoir une influence positive sur elle. Le parent peut influencer l'enfant et le professeur. Le professeur peut influencer l'enfant et les parents, et enfin l'enfant peut influencer ses parents et ses professeurs. Dans le cadre de nos consultations, nous posons toujours la question suivante adaptée à l'enfant : « Comment tes professeurs, tes parents réagissent-ils à ton changement de comportement, à ton amélioration ? » Il est très utile de prendre en compte le contexte dans lequel se situe l'enfant et pas seulement l'enfant lui-même. Nous entendons souvent les parents se plaindre du manque d'écoute ou de disponibilité des enseignants, par ailleurs nous lisons, ou entendons que les enseignants n'ont pas le temps, et ne veulent pas prendre la place des parents. Nous sommes d'accord mais il nous semble important pour le bien de l'enfant de faciliter le dialogue entre les enseignants et les parents sans attendre les difficultés. L'enfant est au cœur de ce triangle et subit ou utilise les dissensions qui se manifestent inévitablement.

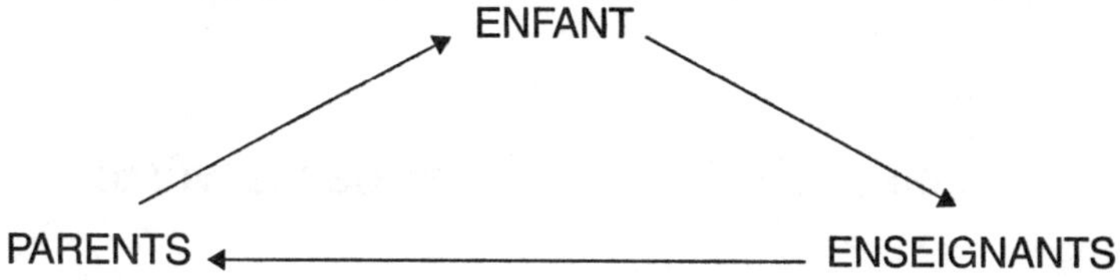

Triangle d'interaction

Penser en termes de coopération

L'enfant étant au cœur du système et au centre des préoccupations des parents et des enseignants, il nous paraît important de souligner la nécessité de travailler en complémentarité avec l'équipe enseignante plutôt qu'en rivalité.

Nous ne sommes pas obligés d'être toujours d'accord avec les enseignants, mais il est très important de ne pas dévaloriser l'école ni de dénigrer les enseignants ou les professeurs.

L'enfant a envie de satisfaire à la fois ses parents et ses enseignants, et il peut très mal vivre un conflit parent/professeur, il a besoin de sentir que les adultes qui l'entourent forment une équipe.

Nous pouvons, et nous devons, intervenir quand cela est nécessaire, mais la règle générale devrait être de faire confiance au milieu scolaire. Non qu'il soit infaillible et exempt de tout reproche, mais si nous ne faisons pas confiance au milieu scolaire, l'enfant ne lui fera pas confiance non plus ! Le parent anxieux et méfiant risque de freiner l'intégration scolaire de son enfant et de l'empêcher de développer la confiance en soi indispensable à son apprentissage. L'entrée à l'école est une rupture avec la famille et la réussite scolaire n'est possible que si vous permettez à votre enfant d'intégrer une autre cellule que la cellule familiale.

L'école, c'est son affaire, pas la vôtre

De même, nous devons faire confiance aux facultés d'adaptation de nos enfants. Aider l'enfant à acquérir de plus en plus d'autonomie et le plus de confiance possible dans le monde extérieur est l'essence même du rôle de parent.

Si vous êtes particulièrement voire précocement inquiets au sujet de la scolarité de vos enfants, cela est peut-être lié à vos propres souvenirs scolaires. Quels souvenirs gardez-vous de l'école, du lycée, de l'université ? Il est utile de commencer par vous interroger sur le pourquoi de vos inquiétudes. Sont-elles fondées sur une réalité tangible ou sont-elles pour partie l'émergence de vos émotions passées ?

Exercice

Repensez à vos propres souvenirs d'école

Prenez quelques minutes pour faire un petit voyage dans le temps.

Installez-vous confortablement, et laissez venir à vous vos souvenirs, sous forme d'images, de sons, de sensations (vous pouvez fermer les yeux pour accéder plus facilement à vos émotions).

Quel est le premier souvenir qui vous vient à l'esprit quand vous repensez à l'école primaire ?

Écrivez ce souvenir :

____

____

Quel est le premier souvenir qui vous vient à l'esprit quand vous repensez au collège ?

Écrivez ce souvenir :

____

____

Quel est le premier souvenir qui vous vient à l'esprit quand vous repensez au lycée ou à l'université ?

Écrivez ce souvenir :

____

Comment vous sentez-vous à l'issue de cet exercice ? Vous sentez-vous tendu, souriant ? Quels types d'émotions sont les vôtres en ce moment ?

Si vous avez noté un ou plusieurs souvenirs négatifs, il est fort possible que vos inquiétudes présentes soient l'écho de vos inquiétudes passées. Vous êtes maintenant à même de faire la part de ce qui correspond à une réalité objective du subjectif. Il est important de veiller à ne pas transmettre à l'enfant nos inquiétudes ou notre manque de confiance passés.

Bien définir ses difficultés scolaires

Pour trouver les solutions adaptées aux difficultés scolaires de votre enfant, il est utile de commencer par bien en définir la nature[1]. Par exemple, si votre enfant a des difficultés avec l'apprentissage de la lecture, cela peut être dû à de multiples raisons : il n'a pas d'endroit approprié pour travailler (problème d'environnement), il ne se met pas à son travail en rentrant (problème de comportement), la méthode d'apprentissage ne lui convient pas et il a des lacunes (problème de capacités), il manque de confiance en lui, il est persuadé qu'il n'y arrivera pas (problème de croyances), il est sûr ou vous êtes sûr qu'il est de toute façon mauvais en mathématiques (problème d'identité).

Une difficulté scolaire peut se situer à différents niveaux comme nous allons le voir en détail. Il peut s'agir d'un problème d'environnement, un endroit calme pour travailler ; de comportements, l'enfant travaille peu ; de capacités, l'enfant ne sait pas s'organiser ; de croyance, l'enfant a la conviction qu'il est inutile de faire de l'histoire ; ou d'identité, il sait qu'il est nul en mathématiques. L'environnement représente le contexte dans lequel l'enfant se trouve,

1. Pour cela nous avons adapté à la scolarité un modèle élaboré par Gregory Bateson puis par Robert Dilts (voir bibliographie) qui ont décrit la hiérarchie des différents niveaux de fonctionnement et de possibilité de changement d'un être humain. Cet outil nous sert de cadre de réflexion afin de repérer à quel niveau se situent les freins ou les obstacles à l'apprentissage et quel sera le meilleur angle d'intervention possible pour opérer le changement souhaité. Notre objectif, en vous proposant ce modèle adapté à l'enfant dans le milieu scolaire, est de vous aider à repérer le niveau de la difficulté afin de rechercher le niveau de la solution.

le comportement ce qu'il fait, ses capacités représentent ses compétences, ses croyances ce qu'il croit sur lui. Une croyance est une conviction qui peut être aidante (je suis bon en mathématiques) ou limitante (l'histoire ne sert à rien). L'identité est une représentation de soi globale. L'intérêt de ce fil conducteur est qu'il permet de réfléchir et d'observer où se situe la difficulté et d'y remédier soi-même si on a prise sur la situation en cause.

Identité	**Croyances et valeurs**	**Capacités et stratégies**	**Comportements**	**Environnement**
Quelle sorte de personne je suis Ma mission	Ce qui est important pour moi Les idées auxquelles je crois	Mes compétences et savoir-faire	Ce que je fais	Le contexte dans lequel j'agis
— Je suis un bon élève	*— L'école, c'est important*	*— Je sais bien m'organiser*	*— Je travaille 1 h 30 tous les jours*	*— Je travaille dans ma chambre ou sur mon lit*

➤ *L'environnement*

L'environnement de votre enfant est constitué par ses parents, ses amis, ses enseignants, sa famille élargie et son environnement matériel. Les difficultés que l'on peut rencontrer dans l'environnement sont en général simples à corriger, encore faut-il les repérer. L'espace de travail est-il clair, calme, dégagé ? En classe, à côté de qui est-il assis ? Est-il bien assis ? A-t-il le bon matériel ? renouvelé quand il le faut ?

La maîtresse a convoqué les parents de Benjamin à la fin du deuxième trimestre de CP. Ce n'est pas habituel, Benjamin est plutôt un bon élément, même s'il ne fait pas partie des plus calmes. La maîtresse trouve que Benjamin est agité, frondeur, facilement au bord des larmes et manquant d'assurance depuis environ un mois. En parlant, les parents et la maîtresse évoquent devant Benjamin un certain nombre d'événements qui pourraient l'avoir perturbé, mais ce dernier ne réagit pas du tout. Au bout d'un moment, la maman de Benjamin évoque un incident mineur : une histoire de cadeaux offerts à une petite fille de la classe dont tous les garçons sont amoureux. La maîtresse décrit alors les comportements batailleurs des garçons, l'attitude de la petite fille un peu dépassée par les événements au point que sa maman en avait elle aussi parlé à la maîtresse. Benjamin commence à réagir. La maîtresse apprend peu à peu que depuis deux mois une véritable petite guerre se déroule dans la classe, secrètement, et qu'il est beaucoup question d'amoureux éconduits, rivaux et désespérés ! Comment se concentrer dans ces conditions !

La situation a été progressivement améliorée par des débats en classe, sur l'amour, l'amitié, les relations entre garçons et filles. Puis tout le monde est parti en classe verte. Cette double intervention sur l'environnement a permis de dédramatiser la situation et de désamorcer un certain nombre de conflits.

On voit qu'agir n'est pas toujours facile. Dans cet exemple, toute intervention sur un autre aspect, qui aurait consisté, par exemple, à faire travailler Benjamin sur sa concentration se serait révélé inutile si les conflits de l'environnement avaient persisté.

Quelquefois la solution est plus simple heureusement, il suffit de séparer deux bagarreurs, deux bavards. Encore faut-il avant tout écouter et parler avec vos enfants et avec leurs enseignants. Quand c'est possible, n'hésitez pas à contacter les enseignants pour rechercher dans un esprit de coopération des solutions aux difficultés qui se présentent.

➤ *Les comportements*

La plupart des plaintes des parents concernent les comportements des enfants : « Il ne travaille pas, il est paresseux », « Il est trop timide », « Il est démotivé », « Il est bavard », « Il est triste », etc. Nous faisons bien souvent malgré nous la confusion entre le niveau de l'identité et celui du comportement. Dire « il ne travaille pas », c'est parler du comportement ; en revanche, dire à l'enfant : « Tu es paresseux », c'est le critiquer dans son identité, c'est lui coller une étiquette. On risque ainsi de lui ôter l'espoir de changer : si je suis étiqueté paresseux, à quoi bon ? Les généralisations (il ne travaille pas) et les critiques sur l'identité (il est paresseux) ne sont pas constructives, ne nous donnent pas accès aux solutions. Avant d'espérer changer des comportements, il vaut mieux se placer en observateur et non en juge. La tâche n'est pas facile, nous avons souvent tendance à porter des jugements hâtifs et à élaborer des interprétations à l'emporte-pièce.

Les parents de Xavier, 11 ans, nous décrivent ainsi les difficultés de leur fils lors de notre premier rendez-vous.

Les parents : Il ne travaille pas, il ne sait pas se concentrer.

Nous : Que fait-il concrètement ? Quand travaille-t-il ? Combien de temps ?

Les parents : Il travaille beaucoup mais cela ne semble pas efficace, il travaille des heures.

Nous : Des heures, c'est-à-dire ?

Les parents : 3 heures le soir souvent. Mais il travaille surtout son piano.
Nous : Vous disiez qu'il ne sait pas se concentrer, pourtant c'est un bel effort de concentration, ça !
Les parents : Ah ! oui, c'est vrai, pour ça il est concentré.

Ce n'est qu'en décrivant de manière précise les comportements observables qu'on peut accéder à des pistes de solutions. Ici, le problème n'est apparemment pas lié à un déficit de concentration. Si Xavier sait comment être concentré dans une tâche, il devrait pouvoir transférer cette compétence dans un autre domaine

➤ *Les capacités*

Certains enfants travaillent, sont studieux, appliqués, mais ne parviennent pas au résultat escompté. Alors, pensant bien faire, vous le ou les sommez de travailler davantage, vous lui ou leur offrez des cours particuliers, mais la situation ne s'améliore pas toujours. Leurs capacités ne sont pas en cause, mais il leur manque peut-être un savoir-faire. Ce peut être une question de méthodologie, de mémorisation, de compréhension, de capacité de synthèse, de savoir repérer ce qui est essentiel et ce qui l'est moins.

Votre enfant travaille, mais sans résultat parce que son travail n'est pas efficace. Inutile alors de le faire travailler davantage. Il faut lui apprendre à apprendre, lui apprendre à travailler, l'aider à utiliser des stratégies d'apprentissage efficaces.

Léna est accompagnée de sa mère et de son beau-père. Ils sont inquiets car l'entrée en 6e n'a fait que confirmer un fléchissement perceptible dès le CM2. Léna travaille longuement, mais son travail ne semble pas efficace, elle oublie souvent ce qu'elle a appris la veille. De plus, elle montre des problèmes de compréhension. Sortie du par cœur, elle est incapable de restituer le sens d'un texte.

Léna a un problème de stratégie, ses capacités en termes d'apprentissage ne sont pas assez efficaces. De nombreux enfants travaillent beaucoup mais ne sont pas efficaces. Pourtant, il est très simple de leur proposer des méthodes d'apprentissage ludiques et faciles à mettre en place qui les aident rapidement. Nous verrons au chapitre 7 ces stratégies d'apprentissage qui permettent de nettement améliorer leurs capacités.

➤ *Les croyances*

Parfois, l'enfant sait travailler, mais il ne le fait pas parce qu'il y a un frein à un niveau supérieur, celui des croyances, des valeurs, du « pourquoi ? ». Une croyance est une idée à laquelle nous croyons, et que nous pensons vraie. On ne peut pas parler dans ce contexte de vraies ou de fausses croyances, mais de croyances aidantes ou limitantes.

Vos croyances de parents

Par exemple : je crois que mon fils est un élève doué en mathématiques et nul en orthographe.

Nos croyances influencent notre comportement et sont à la base de notre motivation. Si je pense que je suis nul en mathématiques, je ne vais pas me sentir très motivé pour travailler, je vais me sentir découragé.

Une expérience[2] a montré dans les années 1970 que les croyances des enseignants, leurs *a priori* sur une classe

---

2. R. Rosenthal, L. Jacobson, *Pygmalion in the classroom*, Rinehart and Winston, 1968.

pouvaient avoir un effet sur ses résultats. On a ainsi attribué à un enseignant un groupe d'élèves en le prévenant que ce groupe avait un QI particulièrement élevé. À un autre enseignant, on a attribué le second groupe au QI prétendu bas. En réalité, les deux groupes avaient un QI égal. Bien que la seule différence entre les deux groupes ait donc été l'attente des professeurs, le premier groupe a obtenu de bien meilleurs résultats. On a appelé cet impact de la croyance sur le comportement « l'effet Pygmalion ».

De même que l'effet placebo en médecine prouve que l'état du patient s'améliore s'il croit qu'on lui administre un médicament efficace, l'expérience que nous venons de décrire montre l'effet négatif de nos croyances si elles sont limitantes et, inversement, que chacun a la possibilité d'influencer positivement toute situation.

Nos croyances, nos valeurs fondent en grande partie notre personnalité et dictent nos comportements. Certaines croyances peuvent entraver la motivation de l'enfant : nous verrons que faire reconsidérer ces croyances induit automatiquement un changement de comportement.

Ses croyances sur l'école ou sur les bons élèves

Votre enfant peut de son côté avoir des croyances « limitatives » sur l'école du type « l'école ne sert à rien » ou des croyances sur les bons élèves qui sont des « besogneux, des solitaires, des « fils à papa ».

> Thomas a 13 ans, il est en 4e, et figure parmi le peloton de queue de la classe.
> Quand nous l'écoutons parler du collège, nous comprenons que pour Thomas, c'est « les copains d'abord ». Pour lui (comme pour la plupart des jeunes de son âge), l'amitié est une valeur très importante. En poursuivant la discussion, nous nous aperce-

vons que pour Thomas, les bons élèves sont des « intellos, boutonneux, sans copains ». Il est certain qu'une croyance de ce type n'est pas faite pour favoriser la progression scolaire de Thomas !

Notre intervention, ici, consiste à défaire la croyance de Thomas, en trouvant avec lui des contre-exemples, c'est-à-dire des élèves qui sont performants au collège et tout autant sympathiques et entourés.

Les croyances sur soi

Votre enfant peut aussi être freiné par des croyances limitatives sur soi : « Je n'y arriverai pas… », « Je ne peux pas. » Croire qu'un objectif est impossible à réaliser est effectivement le meilleur moyen de ne jamais le réaliser. Fort heureusement, nos croyances ne sont pas immuables. Nous pouvons choisir d'abandonner des croyances qui nous limitent pour en construire d'autres qui apporteront à notre vie plus de plaisir et de réussite. Les convictions positives sur soi ne garantissent pas le succès à tous les coups, mais elles y contribuent. Croire que je peux être bon en mathématiques ne suffira pas à faire de moi un fort en mathématiques ! Il me faut mettre en place un savoir-faire, des capacités, des comportements, mais cette croyance constituera la base sur laquelle mes capacités pourront se mettre en place. À l'inverse, croire que je n'y arriverai jamais suffira à m'empêcher de réussir.

Certaines croyances sont donc limitatives et d'autres aidantes. Nous vous suggérons de comparer les croyances de la colonne de gauche avec celles de la colonne de droite et de choisir celles qui vous semblent le plus aidantes.

Il y a les bons et les cancres	- - - -	Il n'y a pas de cancre, seulement des enfants qui ne savent pas utiliser leurs ressources.
L'apprentissage doit se faire dans la souffrance	- - - -	Le plaisir est un moteur de l'apprentissage.
Si l'enfant n'y arrive pas, c'est de sa faute	- - - -	L'enfant est responsable de son manque de travail, mais pas coupable de ses erreurs.
Il n'y a qu'une manière d'apprendre	- - - -	Il y a de nombreuses manières d'apprendre.
Le travail est une corvée	- - - -	Le travail est une satisfaction.
On est matheux ou littéraire	- - - -	On peut développer ses compétences dans différents domaines.
L'intelligence est innée	- - - -	Il y a plusieurs formes d'intelligence et l'on peut en développer.

Exercice

Vos croyances

Notez ici au fur et à mesure de votre lecture les nouvelles croyances que vous mettez en place sur vous, sur votre enfant ou sur l'école.

____

____

____

____

____

➤ *L'identité*

L'identité, c'est l'image que l'on a de soi et de notre rêve de vie. L'image de votre enfant est d'abord celle que vous avez de lui. Surtout quand il est en maternelle ou à l'école primaire. Il se constitue progressivement sa propre identité en intégrant des traits des uns et des autres, amis, professeurs, relations.

Notre regard, nos croyances, nos remarques ont un impact considérable sur sa façon de se regarder, et sur son estime de soi. Un enfant dont les parents n'ont pas réussi à l'école peut inconsciemment ne pas se donner la permission de réussir. En effet, l'enfant construit son identité en s'appuyant sur les modèles que nous parents, ou toute personne ayant autorité, représentons. Au moment de l'adolescence, le jeune en quête de son identité peut à l'inverse chercher à se définir par opposition à sa famille. Nous pouvons favoriser la construction d'une identité positive en aidant l'enfant à se constituer des projets de vie. Parler de notre métier avec lui, par exemple, les vocations naissent souvent d'avoir entendu ou vu une personne de son entourage évoquer son activité avec passion.

Il est important pour l'enfant que nous soyons conscients d'être des modèles sur lesquels il va se construire. Nous pouvons toujours améliorer ces modèles en réfléchissant par exemple à notre identité de parent.

> Sonia, 9 ans, joue du violon depuis trois ans. Quand nous lui demandons pourquoi elle a choisi le violon, instrument réputé difficile, elle nous raconte le jour et l'endroit exact où son grand-père lui a joué une petite mélodie pour les enfants. Son visage s'illumine à ce souvenir. Cela lui permet de persévérer patiemment dans son apprentissage. « Il était dans la véranda, il m'a joué *Ma petite est comme l'eau*, et là j'ai décidé de faire du violon. »

> Bien sûr, nous avons continué sur le plaisir du grand-père à l'entendre elle, aujourd'hui, jouer à son tour de cet instrument. Plaisir, fierté, et capacité à persévérer étaient liés à cette belle expérience.

Apprendre à regarder différemment les difficultés scolaires de vos enfants va vous amener à adopter de nouveaux comportements vis-à-vis d'eux. Comme nous allons le voir dans le chapitre suivant, vous pouvez aussi apprendre à vous regarder, vous parents, différemment.

CHAPITRE 2

Devenez un parent coach

Être un parent confiant, pas un parent parfait

Le rôle de parent est certainement le plus beau rôle de notre carrière et le plus difficile. Être parent ne s'improvise pas et pourtant cela s'invente jour après jour. Aujourd'hui, plus qu'hier, notre rôle de parent est à réinventer, car si nous sommes nombreux à manquer de confiance, c'est que la plupart de nos repères s'effondrent, que nos certitudes en matière d'éducation vacillent. Après avoir rejeté l'autoritarisme rigide de nos aînés, nous constatons les dérives de l'éducation laxiste héritée des idéaux libertaires des années 1968.

Ne serait-ce pas là une belle opportunité qui s'offre à nous ? Tracer une nouvelle voie, la voie du milieu (comme celle des bouddhistes) ou plus prosaïquement la voie du bon sens ? Il y aura, bien entendu, toujours des incidents de parcours. Fort heureusement le parent parfait n'existe pas, pas plus que l'enfant parfait.

Restons humble face à cette mission de parent et, même si l'enjeu est de taille, gardons notre sens de l'humour car quoi que l'on fasse en tant que parent, on se trompe ! Plutôt que de culpabiliser au moindre faux pas, de courir chez le pédopsychiatre à la première crise de colère, reprenons confiance en nous – nous avons des ressources – et acceptons nos erreurs comme autant d'occasions de moins nous tromper à l'avenir. L'erreur est une occasion d'apprendre, un signal qui nous permet de chercher d'autres chemins.

Hier, au moment des devoirs, vous avez cédé à l'énervement et vous avez crié. Ce n'était peut-être pas la meilleure attitude à adopter. Mais rien ne vous empêche de reconnaître vos faiblesses auprès de vos enfants. Imaginons l'autre extrême, un enfant pourvu d'un parent à l'image infaillible. Pas facile pour lui de s'épanouir, d'être à la hauteur, si le modèle parental ne montre aucune faille et surtout ne propose aucune remise en question. Comment lui transmettre que l'erreur fait partie du processus d'apprentissage ? Comment lui transmettre que la fermeté n'est pas la rigidité et que la flexibilité permet l'adaptabilité ? Comment lui transmettre que l'on a le droit de faire des erreurs, graves ou moins graves ? Si nous n'inscrivons pas cette possibilité dans le cadre familial, où pourra-t-il faire part de ses problèmes et de ses inquiétudes ?

Reconnaître nos erreurs ouvre la voie à la discussion, à la coopération et à la tolérance. Si nous sommes plus tolérants avec nous-mêmes en tant que parents, nous reprendrons confiance en notre capacité à être des parents « suffisamment bons[1] ».

Pour être un parent aidant, accompagner la scolarité de nos enfants et les aider à se construire, nous devons reprendre confiance en nous, en nos capacités à éduquer. La première étape sur le chemin de la confiance en soi est donc d'apprendre à mieux se connaître.

1. D'après Winnicott : « good enough mother », *in Jeu et réalité*, Le Livre de poche, 2002.

➤ *Réfléchir à votre rôle de parent*

Pour reprendre confiance en vous et vous affirmer en tant que parent, vous devez commencer par vous interroger sur votre rôle, votre mission de parent, vos valeurs.

Nous vous invitons à vous demander tout simplement : « Quel est le rôle que je m'assigne en tant que parent ? », « Qu'ai-je envie de transmettre à mes enfants ? », « Qu'est-ce qui est important pour moi en ce moment ? » afin de pouvoir mettre en place ultérieurement les comportements appropriés et être en accord avec vous-même.

Pour vous aider dans cette réflexion, nous vous proposons l'exercice suivant.

Exercice

Comment vous avez rempli votre mission de parent

Installez-vous confortablement, et préparez-vous à faire une petite incursion dans le futur :

— Imaginez que trente années ont passé, votre enfant qui est devenu adulte parle de vous à un ami. Au cours de cette conversation, il raconte quel parent vous étiez, et êtes encore, les qualités dont vous avez su faire preuve, les choses importantes que vous lui avez transmises, et auxquelles il tient aujourd'hui.

— Prenez au moins trois minutes pour imaginer cette conversation, et observez ce que vous ressentez.

— Ensuite, munissez-vous d'un crayon et d'un cahier que vous conserverez pour la suite et écrivez en quelques lignes l'essentiel de la conversation.

À présent, prenez à nouveau quelques minutes pour répondre aux questions suivantes :

1. Quelles sont mes qualités de parent ?
2. Quelles sont les qualités que j'aimerais développer ?
3. Quel parent aimerais-je être ?
4. Quelle est ma mission de parent ?

C'est un exercice que nous proposons aux parents en atelier parental[2].

Dominique, infirmière, mère d'un garçon de 11 ans et d'une fille de 14 ans, a imaginé ses deux enfants parlant entre eux trente ans plus tard.

> « Je vois la scène et j'entends mon fils dire que je travaillais beaucoup, que j'avais une grande conscience professionnelle, que j'aimais beaucoup mon travail. Sa sœur lui dit qu'elle se souvient de moi, malgré tout ce travail, comme d'une mère attentive et disponible. Que la famille était sacrée pour moi – jamais je n'oublie une seule fête de famille. »

Cette projection dans le futur émeut Dominique, et la surprend parce que, dans le cadre de cet exercice, elle ne se trouve pas dans un registre intellectuel mais dans un registre émotionnel. Elle mélange évidemment le passé, le présent et le futur puisqu'elle fait un travail de visualisation.

Comme convenu, puisqu'il s'agit d'un atelier de groupe, sa voisine l'interroge :

2. Ces ateliers pratiques réunissant une douzaine de parents d'élèves ont pour objectif d'aider les parents dans leur mission éducative.
Chacun des parents, seul, prend un moment pour décrire sur son cahier la scène qu'il visualise, puis, en dialogue avec un autre parent, se pose les questions ci-dessus.

« Quelles sont tes qualités de parent ?
— Je leur ai montré que la conscience professionnelle est une valeur importante, ainsi que les valeurs familiales, j'ai su leur transmettre cela et j'en suis fière.
— Quelles sont celles que tu voudrais développer ?
— La patience et la confiance, patience avec eux et patience avec moi, c'est une marque de confiance finalement.
— Quel parent aimerais-tu être ?
— Un parent confiant et efficace, c'est-à-dire savoir ce que je dois faire et croire que je vais savoir le faire.
— Comment définirais-tu ta mission de parent ?
— Transmettre des valeurs importantes à mes yeux et que je voudrais voir se perpétuer, oui c'est ça, cela m'a touchée de les entendre dire cela de moi tout à l'heure. »

➤ *Prendre conscience de vos priorités*

Les seuls changements durables sont ceux qui résonnent au plus profond de nous-mêmes. Sans cela, toute décision de changement n'est qu'une bonne résolution de plus. Lorsque nous ne sommes pas assez conscients de nos valeurs, de nos priorités dans la vie, il nous est difficile de faire les bons choix, ceux qui nous permettront de nous réaliser, d'être cohérents avec nous-mêmes.

Imaginons que l'on vous propose une promotion professionnelle. Vous êtes tenté d'accepter, mais vous hésitez, car ce nouveau poste exige des horaires plus contraignants, et vous rendra moins disponible auprès de votre famille.

Si vous êtes conscient de vos priorités, vous devez pouvoir trancher et faire le bon choix en vous posant tout simplement la question : « Qu'est-ce qui est le plus important pour moi en ce moment ? » La famille, l'harmonie familiale, ma disponibilité pour mes enfants, ou la perspective d'un travail mieux rémunéré, mon ambition professionnelle ? Il n'y a pas une réponse meilleure qu'une autre, sachant que le plaisir de se réaliser dans le travail contribue autant à l'harmonie familiale qu'une disponibilité totale pour ses enfants.

Si vous acceptez la promotion professionnelle, alors que la disponibilité pour votre famille est ce qu'il y a de plus important pour vous en ce moment, vous ressentirez à terme un malaise, signe d'une disharmonie interne, liée à un conflit de valeurs.

Nous avons le sentiment d'être cohérents dans nos choix lorsque nous sommes en accord avec nos valeurs. Cette cohérence intérieure s'exprime extérieurement par une meilleure affirmation dans nos actes et dans nos paroles. En étant convaincus, nous aurons plus de facilité à donner des repères et des limites à nos enfants et à être convaincants.

> Isabelle, la maman de Julie, âgée de 5 ans, a des difficultés au moment de coucher sa fille le soir.
> « Tous les soirs, je me dis que je vais la coucher à 20 heures, mais c'est comme une bonne résolution que je n'arrive pas à tenir.
> — À votre avis, qu'est-ce qui vous en empêche, de quoi auriez-vous besoin ?
> — Je ne sais pas, je suis tiraillée. D'un côté, je pense qu'il est nécessaire qu'elle dorme, qu'elle en a besoin pour être en forme le lendemain à l'école. Mais, d'un autre côté, je ne la vois pas beaucoup, et quand elle se met à pleurer, cela me fait mal au cœur et j'ai envie de lui faire plaisir. Je lui raconte donc une deuxième histoire, puis une troisième et puis cela se termine quand même mal, parce que mon mari s'énerve, trouve que je manque de fermeté et finalement tout le monde s'énerve, cela se termine par une crise.
> — Oui, je vois ce que vous voulez dire, peut-être qu'il serait important pour vous de vous demander ce qui est le plus important pour

vous en termes de priorités. Est-ce de faire plaisir à votre fille ou de veiller à ce qu'elle soit en forme en respectant un rythme de sommeil ?
— Je crois que le sommeil est très important pour être en forme le lendemain à l'école, pour bien travailler.
— Donc, votre priorité, c'est de lui permettre d'être en forme pour réussir à l'école ?
— Oui, c'est ça, c'est plus important pour moi, ça concerne le long terme alors que lui faire plaisir, en cédant à un caprice, sur le long terme n'est pas le bon choix. »

Une fois que cette maman a pris conscience de ses valeurs, et de ses priorités, qu'elle a mieux identifié le tiraillement dont elle était l'objet, elle a pu d'elle-même trouver un compromis et organiser des moments de présence et de câlins, et de plaisir partagé, tout en restant ferme au moment du coucher. Plus au clair avec ses convictions, elle a su s'organiser et trouver les mots pour faire entendre sa demande à sa fille le soir. Souvent, ce sont nos tiraillements, nos conflits intérieurs qui brouillent notre capacité d'affirmer nos choix de façon claire et suffisamment ferme.

Identifier un certain nombre de ses valeurs est tout à fait faisable sans entretien thérapeutique, et c'est ce à quoi nous vous invitons maintenant.

Exercice

Explorez votre échelle de valeurs

Nous vous invitons à explorer votre échelle de valeurs en répondant aux questions suivantes sur votre cahier.

Qu'est-ce qui vous a incité à acheter ce livre ?

____

____

En quoi est-ce important pour vous d'aider votre enfant à l'école ?

____

____

Quelles sont les valeurs qui ont sous-tendu ce choix ? Citez 5 valeurs

____

____

____

____

____

Classez ces valeurs par ordre d'importance

____

____

____

____

____

En répondant à ces questions, vous exprimerez des valeurs importantes pour vous, par exemple : l'épanouissement de votre enfant, la réussite, l'harmonie familiale, le partage, la coopération…

Les valeurs d'Isabelle sont par exemple la santé de sa fille, le fait de lui faire plaisir, la réussite scolaire, l'entente et l'harmonie familiale.

➤ *Définir vos objectifs*

Si on ne sait pas où aller, il est difficile d'y arriver.

Maintenant que vous avez pris conscience des valeurs qui vous animent, vos objectifs concernant l'accompagnement scolaire de vos enfants seront plus faciles à préciser et votre motivation plus grande. Un objectif mobilisateur est un objectif en relation étroite avec vos valeurs fondamentales. Plus la valeur a d'attrait pour vous, plus vous trouverez l'énergie de passer à l'action.

Rebecca nous consulte avec son fils Pierre, 12 ans :
« Je dois faire travailler Pierre, mais j'ai vraiment du mal, je suis fatiguée, il s'énerve facilement, c'est un moment difficile en général.
— En quoi est-ce important pour vous de faire travailler Pierre ?
— Je veux qu'il passe en 5ᵉ.
— Vouloir que votre fils passe en 5ᵉ est un vœu très légitime, mais cela ne dépend pas de vous, cela dépend de lui. Dites-moi plutôt quel est votre objectif personnel, ce que vous voulez et qui est de votre responsabilité.
— Je veux l'aider à travailler pour qu'il puisse passer en 5ᵉ.
— D'accord, et plus précisément, que voulez-vous faire, comment voulez-vous que ça se passe idéalement ?
— Eh bien, disons que je veux rester calme au moment des devoirs, adopter une bonne attitude et de bons comportements pour Pierre. Je voudrais que ce moment des devoirs soit un moment de plaisir et non une corvée. »
Nous voyons dans ce court extrait que le calme et le plaisir sont des critères importants pour Rebecca.
« Le calme et le plaisir, c'est important pour vous ?

— Ah oui, absolument.
— Quand vous vous sentez fatiguée et découragée, prenez un moment pour vous concentrer, vous connecter à ces valeurs si importantes pour vous. Cela vous permettra de prendre du recul par rapport à la situation présente, et de retrouver votre motivation pour l'aider. »

Décrire ce que nous voulons est plus utile que décrire ce que nous ne voulons pas. Or, souvent, c'est en termes négatifs que nous exprimons nos buts : « Je ne veux plus m'énerver avec les enfants au moment des devoirs. » Certes, mais qu'est-ce que je veux à la place ?

La formulation positive de cet objectif pourrait être, par exemple : « Je veux aider mon enfant dans un climat de tranquillité. » L'anticipation positive nous met déjà dans un état plus propice à la réalisation de notre but.

« Il n'y a pas de vent favorable à celui qui ne sait où il va », disait Sénèque.

Une fois seulement que l'on sait de manière précise ce que l'on veut, on peut envisager les moyens concrets à mettre en place, pour atteindre son but.

Le calme et le plaisir étaient des valeurs importantes pour Rebecca. Nous lui avons proposé de se connecter sur ces notions pour retrouver sa motivation. Il a aussi été utile de lui demander ce qu'elle faisait aujourd'hui pour satisfaire son envie de calme et de plaisir partagé avec son fils.

« Le soir, parfois je lui lis une histoire, mais pas régulièrement, pourtant c'est un moment privilégié ensemble.
— Pensez-vous que ce serait une bonne idée de le faire plus régulièrement ?
— Oui, je pense, cela ne me prend que quelques minutes et ça me paraît important pour nous deux. »

Pour accéder à plus de calme – et de plaisir – au moment des devoirs, deux choses ont été nécessaires : un travail de gestion du temps (là encore il fut question de gérer les priorités) et d'organisation dans un premier temps. En effet, comme beaucoup de mamans qui travaillent, Rebecca est épuisée le soir en rentrant. Son fils ayant déjà 12 ans, il n'a plus besoin d'un encadrement quotidien. Nous avons élaboré avec Rebecca et Pierre un emploi du temps d'aide aux devoirs satisfaisant pour tout le monde. Un point serait fait les mardi, vendredi et le week-end, avec bien entendu la possibilité de demander une aide spécifique si nécessaire. Dans un second temps, nous avons aidé Rebecca par des techniques de gestion du stress (que nous verrons au chapitre 7) à retrouver un état de calme dès qu'elle en a besoin.

Exercice
Définissez vos objectifs

Afin de vous aider à préciser vos objectifs concernant l'accompagnement scolaire de vos enfants, nous vous proposons de reprendre la liste de vos 5 valeurs fondamentales et de répondre à la question suivante :

1. Que fais-je actuellement qui va dans le sens de ces valeurs ?

(Décrivez simplement, parmi vos comportements, ce que vous faites et ce que vous voudriez faire mieux.)

____

____

À présent, vous êtes à même de définir vos objectifs en répondant à la question suivante :

2. Qu'est-ce que je veux faire concrètement à partir d'aujourd'hui pour satisfaire ces valeurs importantes pour moi ?
(Par exemple, je vais me rendre plus disponible pour mes enfants, organiser mon emploi du temps. Je vais privilégier les moments de lecture le soir…)

____

____

Maintenant que vous avez des objectifs plus précis en tête, vous aurez besoin de développer certaines capacités, certains savoir-faire et c'est précisément l'objectif de ce livre. Vous transmettre des savoir-faire pour vous aider à réaliser cet objectif d'aider vos enfants. Une fois que l'on a des objectifs précis en tête, l'important est de ne pas perdre le cap, et de ne pas se laisser envahir quotidiennement par de fausses priorités. Distinguer ce qui est important de ce qui ne l'est pas.

Beaucoup de parents nous disent ne pas pouvoir être suffisamment disponibles pour leurs enfants par manque de temps. Il est vrai que nous vivons tous plus ou moins sous la tyrannie d'un temps très rempli. Victimes d'une multitude de choix dans un temps incompressible, nous en venons souvent à privilégier ce qui nous semble urgent au détriment de ce qui est important et à gaspiller beaucoup de ce temps précieux alors que le temps passé avec nos enfants n'est, lui, jamais du temps perdu.

➤ *Limiter vos croyances limitantes*

Si vos valeurs sont les moteurs de vos comportements, vos croyances viendront, elles, selon qu'elles sont positives ou limitantes, entraver la progression vers vos buts ou la favoriser.

Apprendre à hiérarchiser nos priorités

Afin de ne pas perdre de temps à des activités sans importance, car sans liens avec nos priorités et nos valeurs dans l'existence, nous vous proposons de classer chacune de vos activités quotidiennes suivant 4 catégories :

Ce qui est important et urgent : les projets liés à une valeur importante (par exemple, le bonheur des enfants) dans un délai imparti (par exemple, la fête de l'école).

Ce qui est important mais non urgent : les projets en lien avec ce qui est important pour vous et doit être satisfait (par exemple, le repos, le sport, les activités en famille).

Ce qui est non important et urgent : par exemple, le courrier, le téléphone.

Ce qui n'est ni important ni urgent : par exemple, répondre à 36 mails, regarder des émissions télévisées bas de gamme…

Rappelons que nos croyances (souvent inconscientes) sont des convictions que nous avons sur nous-mêmes, sur les autres, sur la vie en général, elles reposent sur une perception de la réalité et non sur la réalité elle-même.

Nos difficultés à changer viennent souvent de croyances négatives que l'on a sur soi (« je ne serai jamais une bonne mère »), sur les autres (« mon fils est nul en mathématiques » sur la vie (« il faut se battre pour réussir »). Il est donc utile parfois de nous séparer de certaines certitudes au profit de croyances positives (« je suis capable d'aider mes enfants », « je crois en ma valeur et en celle des autres »).

Nadia est une toute jeune maman de 25 ans qui nous consulte car elle « ne se sent pas à la hauteur pour élever correctement son fils de 6 ans ». « J'ai l'impression que je ne sais pas comment m'y prendre avec Maxime, je n'ai pas assez d'autorité [...] je ne serai jamais une aussi bonne mère que ma mère l'a été [...] je suis sans doute trop jeune. » Nadia doute de ses capacités, ne se fait pas confiance, ce qui bride ses élans. Elle a du mal à imposer des limites à son fils.

Après discussion, il apparaît que l'une des croyances limitantes de Nadia est :

« On ne peut pas être une bonne mère quand on a un enfant si jeune. »

— C'est votre croyance, Nadia, mais en êtes-vous certaine, l'avez-vous vérifiée objectivement ?

Nadia hésite.

— Non, je n'en suis pas vraiment sûre.

— Maintenant, Nadia, imaginez que toute votre vie vous gardez à l'esprit cette conviction-là, quelles en seraient les conséquences selon vous ?

— Plutôt dramatiques. J'imagine qu'en pensant cela, je ne pourrai qu'aggraver la situation.

— Quelle autre croyance plus réaliste pourriez-vous adopter ?

— Que quel que soit l'âge, le métier de parent est difficile.

— Voilà une croyance que je partage ! Vous me disiez que vous ne vous sentez pas à la hauteur, vous avez toujours cette impression ?

— Non, pas toujours.

— Donc, parfois vous vous sentez à la hauteur. Dans quelles circonstances par exemple ?

— Par exemple, le matin, c'est moi qui m'occupe de Maxime, il faut s'organiser rapidement pour préparer un vrai petit déjeuner, l'habiller, l'accompagner à l'école.

— Finalement, cela fait pas mal de choses, vous ne trouvez pas ? »

Nadia acquiesce.

La voici maintenant plus en phase avec ses ressources. Progressivement, Nadia a repris confiance en elle, ce qui lui a permis de mieux s'affirmer auprès de son fils.

Exercice
Modifiez vos croyances limitantes

Nous vous proposons maintenant de reconsidérer certaines de vos croyances négatives et d'apprendre à les modifier :

Pensez à une situation répétitive liée à la scolarité de vos enfants.

Repassez-vous mentalement le film de la situation et identifiez-la ou les croyances négatives qui y sont liées (par exemple : les devoirs sont une corvée).

Trouvez des contre-exemples à cette croyance en recherchant des exceptions à la situation (par exemple : une occasion ou une époque où les devoirs étaient faits avec plaisir).

Trouvez une croyance positive qui remplace la croyance négative (par exemple : le moment des devoirs peut être un moment de plaisir partagé »).

Que ressentez-vous ?

Imaginez maintenant les situations futures, à travers le prisme de cette nouvelle croyance.

Comment devenir le coach de votre enfant

Le *Petit Robert* donne la définition suivante du mot coach : « Personne chargée de l'entraînement d'une équipe, d'un sportif. »

Le concept de coaching est issu du sport. Il s'étend depuis une dizaine d'années dans les entreprises, ct se développe aujourd'hui auprès du grand public comme une technique d'accompagnement permettant de mieux atteindre ses objectifs personnels. On qualifie aussi le coaching personnel comme « thérapie du bien-portant ».

En extrapolant la notion de coach au rôle de parent, nous voulons dire que vous, parents, pouvez vous servir de certaines techniques pour aider votre enfant à développer ses qualités, à libérer son potentiel et à donner le meilleur de lui-même. Rappelons qu'il n'est pas question de faire de l'enfant un super-performant. La performance scolaire n'est pas une fin en soi, ce n'est pas un but mais un moyen pour l'enfant d'aller bien.

Le rôle du parent coach n'est pas se transformer en professeur de l'enfant, ni de penser à sa place ou d'imposer ses façons de faire. Il s'agit au contraire de l'amener à apprendre par lui-même, de le responsabiliser, l'aider à prendre progressivement son autonomie.

De même que vous avez recherché vos valeurs et vos objectifs de parents, vous pourrez aider vos enfants à trouver leurs valeurs et leurs objectifs. Aider un enfant en difficulté scolaire consiste moins à lui proposer une solution qu'à l'aider à trouver « ses » solutions, afin qu'il devienne l'artisan de sa réussite.

Dire à un enfant : « Mais, enfin, qu'est-ce que c'est que ce 2/20 en mathématiques, tu aurais dû faire comme ça », le culpabilise et le déresponsabilise à la fois. À l'inverse, si vous lui demandez, « Comment pourrais-tu faire pour améliorer tes résultats en mathématiques ? », vous l'inscrivez dans la dynamique du « comment ». « Comment faire pour que ça marche ? », au lieu de : « Pourquoi ça ne marche pas ? » La responsabilisation individuelle est un facteur indéniable de réussite et contribue largement à renforcer l'estime de soi. Comme nous le verrons tout au long de cet ouvrage, l'art du questionnement est le meilleur moyen d'amener l'enfant à réfléchir par lui-même.

Notre rôle en tant que parent n'est pas d'assister notre enfant, mais bien au contraire de progressivement l'amener à développer son autonomie, son sens critique pour qu'il devienne plus tard un adulte mûr et responsable.

Certains parents soucieux de la réussite scolaire de leurs enfants croient bien faire en étant omniprésents au moment des devoirs, leur leitmotiv étant : « Il faut que je sois toujours derrière lui, sinon il ne fait rien. » Mais, si on est trop présent, paradoxalement on ne favorise pas l'autonomie de son enfant.

La scolarité de nos enfants nécessite donc certes notre présence et un investissement quotidien de notre part. Et la disponibilité est sans conteste une des qualités principales du parent coach. Mais toute la difficulté réside dans le dosage : ne pas en faire trop et ne pas laisser faire.

> Anne vient nous voir pour son fils Mathieu qui est en 6e et a du mal à gérer son emploi du temps.
> « Si je ne vérifie pas son emploi du temps, il oublie soit un livre, soit un cahier…
> — Et vous vérifiez avec lui tous les jours ?
> — Oui.
> — Et comment ferait-il si vous n'étiez pas là ?
> — Il oublierait la moitié de ses affaires.
> — Et si vous acceptiez de lui faire confiance quitte à prendre le risque qu'il oublie effectivement un livre ou un cahier ? »

Après discussion, la mère de Mathieu consent à courir le risque.

Un mois plus tard, nous évoquons la situation. La première semaine, Mathieu a oublié une fois un cahier de leçon. Il a été collé une heure. Depuis, il vérifie son cartable tous les soirs et n'oublie rien.

Chaque enfant a un potentiel de réussite. À nous de lui transmettre notre confiance en lui. Grâce à celle-ci, l'enfant va progressivement acquérir un sentiment de confiance en sa capacité à réussir et à mener ses projets à bien. Il a besoin de s'en croire capable, et notre mission de parent est de renforcer et d'aider à la construction de cette confiance.

Nous verrons dans la suite de cet ouvrage (voir chapitre 5) comment vous pouvez accompagner votre enfant vers la mise en place et la réalisation d'objectifs personnels et mobilisateurs.

Rappelons qu'il s'agit d'aider l'enfant à la réalisation de ses objectifs, et non des nôtres, en lui demandant par exemple : « Quelle note penses-tu pouvoir obtenir à la prochaine évaluation ? », et non pas : « À la prochaine évaluation, je veux que tu aies 15. »

On ne peut pas forcer un enfant à réussir, mais on peut lui en donner l'envie.

Avant d'entamer ce travail d'accompagnement vers des objectifs, il est essentiel d'installer un climat de coopération, d'instaurer une communication qui autorise cette évolution. Le préalable à toute relation d'aide étant la qualité de la relation.

CHAPITRE 3

Communiquez avec votre enfant

Pour accompagner nos enfants vers la réalisation de leurs objectifs, il nous faut commencer par établir une relation harmonieuse avec eux et pour cela apprendre à mieux communiquer, en privilégiant l'écoute, l'observation et l'empathie.

Allier le geste à la parole

On communique avec des mots mais aussi avec un regard, une attitude, un silence, une posture. Communiquer, c'est donc faire passer un message sous forme verbale ou sous forme non verbale.

Votre enfant de 4 ans boude. Il ne dit rien, mais toute son expression est caractéristique, il a la bouche pincée ou tombante, il fuit votre regard et fronce les sourcils, il croise les bras, ou hausse les épaules en regardant par terre, il peut aussi passer devant vous en regardant du côté opposé où vous vous situez, marcher vite ou lentement suivant les cas. Vous le connaissez et vous savez comprendre ce qu'il vous communique sans qu'il ne dise rien.

Une grande partie de la communication réside dans ce langage non verbal et même ce que l'on ne veut pas verbaliser s'exprime : le langage corporel, l'intonation de la voix…

La communication verbale est perçue consciemment alors que la communication non verbale est perçue inconsciemment. C'est pourquoi il est très important, pour que notre communication soit efficace, de veiller à ce que notre langage verbal et notre langage non verbal aillent dans le même sens. Par exemple, si votre enfant vous raconte une anecdote, et que vous lui répondez : « C'est passionnant », sans lever le nez de votre magazine, vos paroles et votre attitude ne sont pas en phase. Résultat, le message est brouillé, votre enfant n'y croit pas. Inutile de faire semblant avec les enfants.

Choisir le bon moment

Pour bien communiquer avec nos enfants, la première étape est de choisir le bon moment pour parler et échanger. Pour cela, il faut savoir se rendre disponible.

Le moment terrible des devoirs arrive en général au moment où tout le monde est fatigué par une journée de travail (y compris les enfants). C'est l'heure noire, celle de toutes les colères, de tous les mots que l'on regrette. Comment transformer cette heure noire ?

Mieux vaut prendre une demi-heure de plus pour soi afin de se rendre disponible plutôt que d'entamer la soirée sur des bases tendues sous prétexte de vous occuper des enfants. La demi-heure ne sera pas perdue, mais récupérée dans la soirée qui pourra ainsi se dérouler plus harmonieusement.

Même si vous êtes soucieux de suivre la scolarité de vos enfants de près, soyez attentif à ce que cette question ne monopolise pas tous les échanges.

Catherine et Alain ont deux enfants de 8 et 13 ans, Marine et Paul. Ils sont épuisés par les bagarres incessantes qui surgissent au moment des devoirs. Catherine rentre vers 19 heures et Alain vers 20 h 30. Normalement, les enfants ont fait leurs devoirs, mais Catherine et Alain pensent qu'il vaut mieux vérifier, Paul ayant tendance à oublier de noter les devoirs qu'il a à faire. Marine ne pose pas de problème particulier à l'école, mais fait des difficultés pour aller se coucher.
« Tous les soirs, c'est la même chose, quand je leur demande s'ils ont fini leurs devoirs, ils me répondent oui. Quand je veux vérifier, Paul me dit qu'il a oublié son cahier et Marine se met à pleurer quand je constate qu'elle n'a pas fini ses devoirs, explique Catherine. Quand Alain rentre, c'est encore pire, il se met à hurler, il envoie Paul dans sa chambre et Marine dans la sienne. Je suis fatiguée et il faut encore faire le dîner. »
Je leur demande alors s'il arrive que certains soirs les choses se passent mieux.
« Oui, heureusement, mais c'est rare, le plus souvent c'est difficile.
— Je comprends, sauriez-vous me dire pourquoi certains soirs cela se passe mieux, à votre avis ?
— Je n'en ai aucune idée.
— La dernière fois que cela s'est bien passé, c'était quand ? »
Après un moment de réflexion, Catherine dit à Alain :
« Je crois que c'était il y a une semaine quand nous sommes rentrés plus tard tous les deux après avoir fait les courses.
— Oui, c'est vrai, renchérit Alain, les enfants avaient décidé de nous faire une surprise et ils avaient mis la table avant de se mettre en pyjama et de faire leur toilette.
— Oui, maintenant que j'y pense, avant-hier aussi, cela s'est bien passé, nous avions invité Bruno et Fabienne à dîner et j'avais demandé aux enfants de mettre la table et de se préparer pour accueillir nos invités avant d'aller dans leur chambre », ajoute Catherine.

Nous avons passé la séance à explorer les contextes favorisants. Dans ce cas, le fait de ne pas se focaliser tout de suite sur le travail, mais de faire participer les enfants à la vie de la maison a permis à toute la famille de passer les soirées plus calmement. Les enfants intégrés dans la vie quotidienne ont pu mieux gérer leurs devoirs. Alain et Catherine ont pris conscience qu'ils avaient tendance à vouloir trop préserver leurs enfants de la vie quotidienne de la maison, dans l'intention de leur laisser le temps de mieux travailler. Or, les enfants avaient besoin de partager des moments de vie familiale. Le temps passé à ce moment de vie commune n'était pas perdu pour le travail, mais perdu pour la bagarre.

Chaque famille a ses moments d'exception, ces moments où tout se passe mieux, c'est ce que nous vous proposons de rechercher pour vous-mêmes, afin que vous utilisiez vos propres recettes plutôt que d'en inventer qui ne vous correspondent pas. Vous seuls savez ce qui marche le mieux pour vous. Mais vous ne le savez pas encore.

Exercice

Repérez les contextes favorables

Notez tous les petits trucs qui vous aident à établir un contexte favorable à la communication. Peut-être qu'il vous faut prendre une douche avant d'entamer votre « deuxième journée de travail », peut-être avez-vous besoin de demander l'aide d'une tierce personne, ami, parent, autre membre de la famille. Peut-être le matin est-il plus propice pour vous, au petit déjeuner, ou lorsque vous accompagnez vos enfants à l'école… Les possibilités sont infinies, trouvez les vôtres.

Développer vos qualités d'écoute et d'observation

Le secret de la communication réside dans l'écoute et l'observation. Communiquer consiste à transmettre un message qui a une intention (je veux qu'Alexis réussisse à l'école pour son bien) et attend une réponse (Alexis comprend ce que je lui dis, il me répond d'une façon ou d'une autre). Pour que le message passe, il faut qu'une relation harmonieuse soit créée avec Alexis, c'est-à-dire une relation qui respecte sa personnalité. Pour respecter cette identité spéciale et unique, celle de votre enfant, mais aussi de toute autre personne, il est nécessaire de comprendre et d'accepter la manière dont l'autre fonctionne. De comprendre sa façon de voir le monde afin de s'y adapter et de le guider ensuite.

Par exemple, vous voulez que votre adolescent soit motivé par les études afin d'avoir la meilleure vie possible. Votre intention est bonne, mais comment vous y prenez-vous pour faire passer votre message ? Nous avons vu au début de ce chapitre que l'essentiel de l'impact d'une communication réside dans la communication non verbale.

David, 15 ans, est affalé dans le canapé, les jambes un peu écartées presque allongées sur le sol, la posture type de l'adolescent. Patrick, son père, a décidé de lui parler de son travail ce matin, il s'installe sur un fauteuil, face à lui, le dos droit, assis un peu au bord du fauteuil, il a la voix ferme, et le geste de la main est incisif. Ses jambes sont à angle droit, les pieds reposant bien à terre. Avant même que l'un ou l'autre ne parle, on peut préjuger de la suite. Le contact n'est pas favorisé. Inconsciemment, Patrick dit à son fils : « Je n'aime pas ta position ni ton attitude dans le monde, je suis différent et j'entends le rester et te le faire savoir, je veux que tu comprennes et que tu fasses ce que je voudrais que tu fasses, je suis ferme et droit quand tu es mou et sans volonté. » L'intention de Patrick est bonne, il veut que son fils travaille mieux, son attitude trahit plus l'opposition que l'ouverture au dialogue, et son fils le ressent.

Sans singer son fils, Patrick aurait pu s'installer un peu plus confortablement, le dos reposant sur le dossier du fauteuil, et les jambes un peu écartées, par exemple. Le fait même de modifier consciemment son attitude et sa posture implique un changement de positionnement : au lieu d'être centré sur lui, Patrick est centré sur David, et ce message passe, il est à la base d'un rapport harmonieux.

➤ *La synchronisation*

Lorsque deux personnes sympathisent, elles harmonisent naturellement et progressivement leurs postures. Elles se synchronisent : un mimétisme s'installe et elles adoptent simultanément les mêmes attitudes.

Ce qui se passe naturellement quand les choses se passent bien, vous pouvez décider de le faire volontairement. C'est-à-dire que vous pouvez décider d'adopter une posture similaire à celle de votre interlocuteur, pour établir une relation de confiance, de reconnaissance mutuelle et afin d'aller rejoindre l'autre dans son monde. Ce que l'on communique par là de façon non consciente, c'est que nous avons des points communs, un terrain d'entente et que l'on désire comprendre le point de vue de notre interlocuteur. Pour établir et maintenir cette relation, on utilise la synchronisation verbale et non verbale et c'est ce que nous faisons tous spontanément et inconsciemment avec les petits enfants lorsqu'on se baisse pour leur parler ou les consoler. C'est une manière de montrer son empathie.

C'est d'autant plus important avec les enfants, que nous avons une grande disparité physique avec eux, au niveau de la taille, de la voix. Il est judicieux de se synchroniser de manière consciente avec un enfant quand la communication passe mal. Pour qu'un climat d'échange favorable s'installe, il faut démontrer que l'on est ouvert à l'autre. Cela paraît évident, mais il faut bien admettre que lors d'une conversation, nous sommes bien plus souvent centrés sur nous, et sur ce que nous allons raconter, que sur l'autre.

On peut apprendre à être plus à l'écoute de son interlocuteur et à le montrer. Pour installer ce rapport avec votre enfant, mettez-vous en phase avec lui, notamment en adoptant une attitude corporelle ouverte.

Lorsque vous parlez avec votre enfant, asseyez-vous, mettez-vous à sa hauteur. Asseyez-vous avec lui à sa table de travail, par exemple. On peut parfaitement faire passer des messages importants dans des positions décontractées. S'il s'allonge sur son lit, asseyez-vous à côté de lui. Partagez sa manière de voir les choses en adoptant au sens propre son point de vue sur les choses. Il ne s'agit pas de reproduire en miroir ses attitudes, ce qui serait ridicule, mais d'adopter une attitude de collaboration et d'ouverture d'esprit. Cela n'implique pas non plus de renoncer à la fermeté de votre message. « Je plie et ne romps pas », disait le roseau au chêne qui s'enorgueillissait de sa taille et de sa force avant d'être déraciné par une tempête. Le roseau, lui, plia, mais tint bon. Plier sans rompre pourrait être la maxime à garder en tête pour être souple tout en gardant le cap.

D'autres aspects sont importants avec les enfants, notamment la voix, son volume et son rythme. La vitesse d'élocution est en effet variable selon les personnes. Les adolescents sont réputés parler entre eux très vite, et adopter un ton plutôt nonchalant face à leurs parents. Respectez leur rythme, ne mitraillez pas de questions un nonchalant et n'essayez pas de ralentir celui qui parle très vite. N'oubliez pas que vous avez décidé de faire passer un message. Vous voulez guider et orienter la conversation, à vous donc d'être conscient de tous ces paramètres. Il est évident que rien ne vous oblige à vous synchroniser si vous n'avez pas d'objectif précis lors d'une conversation. Nous parlons ici d'une conversation orientée vers un but, un entretien d'accompagnement scolaire, par exemple. Une fois que vous aurez établi un bon rapport avec votre enfant, qu'il se sentira écouté et compris, vous pourrez le conduire vers l'objectif visé.

Exercice

Observez et synchronisez-vous

Pendant une semaine, contentez-vous d'observer vos enfants, et de constater les moments où vous êtes ou non synchronisés. Observez sans rien changer.

La semaine suivante, concentrez-vous sur la synchronisation et décidez de la pratiquer en parlant avec vos enfants, ou avec votre entourage, et observez ce qui change.

Pensez à votre posture, à votre voix. Observez votre interlocuteur et écoutez ce qu'il vous dit de façon non verbale.

Par la suite, vous pourrez mettre en place cette technique avec souplesse et naturel.

➤ *L'écoute empathique*

La deuxième faculté à développer pour une meilleure communication avec nos enfants est l'écoute. L'écoute totale ou écoute empathique consiste à laisser parler l'autre sans l'interrompre, ou le moins possible. Se centrer sur votre fille quand elle vous parle de ses difficultés, écouter silencieusement en ponctuant parfois son discours de petits mots qui témoignent de votre attention et entretiennent le dialogue : « je vois », « oui, je comprends » « peux-tu préciser ? », « je suis perdu, veux-tu répéter ? ». Toutes vos interventions visent à laisser l'autre s'exprimer, à l'aider à dire ce qu'il a sur le cœur. Cette attitude est très différente de celle que l'on observe le plus souvent dans la vie de tous les jours, où l'on interrompt pour donner un conseil, un avis, parler de soi ou changer de sujet. En revanche, vous pouvez demander une clarification, votre interlocuteur se sentira attentivement écouté.

➤ *La reformulation*

La reformulation est une forme de synchronisation verbale. Reformuler va consister pour vous à redire de manière plus concise ou plus explicite ce que votre enfant vient de dire. Vous en faites un petit résumé, ce qui lui permet de se sentir écouté.

Aurélie vous raconte une dispute avec sa meilleure amie.
« Ce matin à la récré, je me suis disputée avec Léa. Elle était méchante, je ne l'aime plus.
— Raconte un peu.
— Je ne suis plus sa copine et d'ailleurs personne ne veut jouer avec elle.
— Comment ça ? explique-moi mieux, je ne comprends pas très bien.
— Elle veut toujours être la première à la course à la marelle.
— La course à la marelle ?
— Quand on joue, c'est la première arrivée qui commence.

— Ah, je comprends mieux, le matin vous jouez à la marelle pendant la récréation et celle qui arrive la première commence. Ce matin Léa est arrivée la première.
— Oui, mais elle arrive toujours la première.
— Je comprends que cela t'énerve, que fais-tu alors ?
— Ce matin j'ai pleuré.
— Je comprends, tu étais triste et en colère ?
— Oui.
— Que pourrais-tu faire d'autre après ? Lui parler, aller jouer ailleurs ?
— Peut-être que je pourrais aller jouer avec Alexia. »

Ce petit dialogue très banal montre comment il est possible en quelques minutes d'apaiser un enfant simplement en l'écoutant avec empathie. Se sentant écouté, sa peine est réparée, et il se sent prêt à élaborer de nouvelles stratégies de comportement.

C'est une attitude que vous adoptez naturellement dans certaines situations. Ainsi vous avez sans doute remarqué que si votre enfant se fait mal et qu'il pleure, et que vous lui dites : « Ce n'est rien, cela va passer », ses pleurs risquent fort de redoubler. Alors que si vous prenez en compte sa douleur : « Oh ! ça doit faire mal », avant de le rassurer : « Mais je vais te soigner et ça ira mieux », il se calme plus rapidement.

Il est possible d'adopter cette attitude dans des situations où cela vous semble plus difficile par exemple parce que le sujet est une source de conflit.

« Je ne veux pas apprendre mes tables, de toute façon je suis nul en mathématiques, j'ai toujours de mauvaises notes, nous dit Bruno.

— Si je comprends bien, tu me dis que tu ne veux pas apprendre tes tables parce que tu penses que tu es nul en mathématiques et que tu n'as que des mauvaises notes. »

Vous vous faites son écho ici, mais en même temps vous recadrez légèrement l'expression. Vous ne lui répétez pas « tu es nul en mathématiques », mais vous dites *« tu penses que tu es nul en mathématiques »,* ce qui est différent. Progressivement vous pouvez amener votre enfant à se dégager d'une vision limitante de lui-même ou d'une situation en ouvrant de nouvelles perspectives. Votre enfant se sent écouté et compris dans ce qu'il ressent et en même temps vous l'aidez à clarifier un message et l'orientez vers d'autres pistes.

Quelques exemples de reformulations

« Tu veux dire que… »
« D'après toi… »
« Si je te comprends bien… »

Vous pouvez reformuler en résumant :
« Donc tu penses que… »
« Pour résumer : tu dis que… et tu veux… »

Vous pouvez reformuler en mettant l'accent sur ce qui est important :
« Pour toi l'essentiel, c'est donc… »
« En fait, l'important pour toi c'est surtout… »
« Finalement, c'est… qui est important… »

La synchronisation et la reformulation sont des techniques qui se mettent en place spontanément lorsque nous sommes tournés vers notre interlocuteur. Les personnes dont on dit qu'elles ont une bonne écoute appliquent ces recommandations sans même en avoir conscience.

Aider votre enfant à clarifier son langage

Dans l'accompagnement des enfants, le questionnement est un art. Car les enfants ont besoin d'apprendre à s'exprimer clairement pour se faire comprendre. En leur apprenant à clarifier leur langage, vous leur apprenez à préciser leur pensée.

Pour être à l'écoute de votre enfant, veillez à comprendre son point de vue, à coller au plus près de son expérience, de sa réalité, en l'amenant à clarifier sa pensée grâce à votre questionnement.

Votre fils vous raconte ce qu'il a vécu : « *J'ai eu très mal, parce que tout le monde s'est moqué de moi.* » En racontant, il interprète, suppose, trie, émet des jugements, etc. C'est ce que nous faisons tous, c'est la liberté que nous permet le langage, mais aussi les pièges qu'il contient. Par votre questionnement, vous comblerez le caractère approximatif, vague et incomplet du discours.

Vous pouvez ainsi lui faire préciser la situation : de qui s'agit-il ? Qui a fait quoi ? Comment ? Où ? Quand ? Que veux-tu dire exactement ? Qu'est-il arrivé ? Quand ? À qui ? Où ?

Vous aiderez ainsi votre enfant à clarifier, préciser, limiter ou recadrer sa vision ou son ressenti à propos d'une situation.

Grâce à cela, vous allez également pouvoir déceler des erreurs d'appréciation, d'interprétation ou des croyance qui peuvent être limitantes dans le récit de votre enfant. Voici les points que vous allez repérer dans son discours :

— les faits imprécis,
— les suppositions,
— les généralisations.

➤ *Les faits imprécis*

Si votre enfant vous dit : *« L'autre jour, j'ai vu des gens qui se disputaient avec des gens à cause d'un truc »*, il vaudrait mieux l'aider à faire préciser la scène : « Des gens ? Quels gens ? Quel truc ? »

« Les autres ne jouent pas avec moi. » « Quels autres ? »

Il importe aussi de débusquer dans le langage les suppositions et les généralisations.

➤ *Les suppositions*

Les suppositions sont les hypothèses que l'on fait, les déductions, les conclusions, les inférences. Ce sont nos interprétations de la réalité.

« La maîtresse ne m'aime pas.

— Comment le sais-tu ? Qu'est-ce qui te fait dire cela ?

— Elle ne m'interroge jamais ou toujours quand je ne sais pas.

— Est-ce que le fait qu'elle ne t'interroge pas souvent implique qu'elle ne t'aime pas ? Est-ce que tu penses qu'elle n'aime que les enfants qu'elle interroge ? Peut-elle interroger tout le monde tous les jours ? »

➤ *Les généralisations*

Les généralisations sont les phrases définitives qui contiennent des mots comme : tout le monde, tout le temps, rien, personne, jamais, etc, et qui enferment l'enfant dans une vision négative et fausse.

Par exemple, votre enfant vous dit : « La maîtresse ne m'interroge jamais. » Cela n'est sans doute pas conforme à la réalité.

Vous pouvez alors lui demander :

« Elle ne t'interroge jamais, vraiment jamais ?

— Si, quelquefois.

— Donc parfois elle t'interroge. Quand t'a-t-elle interrogé dernièrement ? »

Et l'enfant repense aux moments où sa maîtresse l'a interrogé.

Pensez qu'il y a toujours des exceptions à la règle.

« Toute la classe a raté le contrôle.

— Vraiment toute la classe, il n'y a pas un seul élève qui n'a pas raté ? »

RÉCAPITULATIF		
Faits imprécis J'ai vu des gens qui se disputaient, à cause d'un truc.	**Faire préciser** Que veux-tu dire précisément ?	Où ? Quand ? Comment ? Combien… ? Quels « gens » ? Combien étaient-ils ? Où ? Pour quelle raison ?
Généralisations Je ne réussis jamais rien. Tout le monde a raté.	**Mettre en doute, rechercher des exceptions :** Y a-t-il des cas où ça ne se passe pas ainsi ?	Vraiment jamais ? Pas un n'a réussi ?
Suppositions La maîtresse ne m'interroge pas, elle ne m'aime pas.	**Mettre en doute, explorer et élargir sa vision de la situation** Sur quoi te fondes-tu pour dire que ?	En quoi le fait que la maîtresse ne t'interroge pas *souvent*… entraîne-t-il l'*idée* qu'elle ne t'aime pas ?

Aider son enfant à mieux s'exprimer l'aide à se faire comprendre, et aussi à se comprendre, il se sent soutenu et encouragé. Il comprend qu'il peut rechercher ses pistes de solutions lui-même.

Lorsque nous sommes vraiment à l'écoute de nos enfants, nous sommes déjà engagés dans une conversation orientée vers la recherche des solutions.

D'une manière générale, les questions ouvertes sont à privilégier. Incitez votre enfant à réfléchir en lui posant des questions ouvertes, c'est-à-dire qui impliquent une réflexion avant de répondre. Par opposition, une question fermée est une question à laquelle on ne peut répondre que par oui ou par non, ou par une réponse précise et factuelle. « Quelle note as-tu eue ? » est une question fermée. Une question ouverte peut suivre : « Comment as-tu fait pour obtenir ce résultat ? » « Veux-tu de l'aide ? » est une question fermée. « Comment puis-je t'aider ? » est une question ouverte.

De la qualité de notre écoute et de notre observation dépendra l'efficacité de notre communication. Plus la communication dans la famille sera authentique, plus la famille sera un lieu d'épanouissement. Beaucoup de conflits seraient désamorcés si on avait pu, au préalable, installer un climat de communication et de coopération. Dans le chapitre suivant, nous verrons comment améliorer nos compétences en matière de gestion des conflits, sans les fuir ni les réprimer systématiquement.

CHAPITRE 4

Apprenez à gérer les conflits

Le conflit est nécessaire

Le fait de vivre des conflits avec nos enfants (conflits souvent liés à leur scolarité) est normal. Le conflit est inhérent à toute vie sociale ou familiale. Pourquoi chercherions-nous à éviter les conflits à tout prix alors qu'ils sont nécessaires au développement de nos enfants ? C'est en partie sur nos refus, sur nos oppositions que les enfants se construisent des bases solides.

Nous savons tous qu'il est important de poser des limites. À l'adolescence, l'opposition permet de se construire progressivement en se débarrassant de ses modèles parentaux. Un enfant ou un adolescent à qui on ne pose pas de limites, de repères, ira toujours plus loin jusqu'à ce qu'on lui oppose une résistance. Ce que le jeune recherche en transgressant les interdits, c'est l'adulte. Les petits conflits auxquels nous ferons face de bonne heure nous en épargneront de plus gros plus tard.

Le besoin fondamental de l'enfant est la sécurité et abandonner l'enfant à sa toute-puissance est pour lui un énorme facteur d'angoisse. Le laisser-faire, la permissivité ou pire l'indifférence sont des attitudes à bannir. Le fameux slogan « il est interdit d'interdire » fait moins recette. Naguère brocardée au rang de valeur périmée, on parle beaucoup aujourd'hui de la nécessité de restaurer une autorité défaillante, au sein de la famille et de l'école, et les premiers à la réclamer sont précisément les adolescents. Un récent sondage BVA[1] montre que les 15-25 ans souhaitent plus de fermeté. Quarante pour cent considèrent que leurs parents ne sont pas assez sévères.

Mais attention, lors d'une conférence dans un collège parisien au sujet de la toxicomanie, la conférencière, responsable d'une association de prévention de la drogue, expliquait que parmi la population des jeunes toxicomanes, à peu près la moitié avait des parents « ultrarépressifs » et l'autre des parents « ultralaxistes ». Cet exemple montre que l'autorité dont on parle n'a rien à voir avec l'autoritarisme répressif, il s'agit, au contraire, d'avoir de l'autorité sans être autoritaire.

Faute de limites et de repères éducatifs, nous assistons à l'émergence de toute une catégorie d'enfants qui répondent au doux nom d'enfants tyrans, ou d'enfants « intolérants à la frustration[2] ». Ces enfants pour qui tout ne doit être que plaisir immédiat. Si nous devons réapprendre à utiliser les mots d'autorité, de devoir et de discipline, c'est pour le bien de nos enfants. Souvent l'école maternelle est le premier lieu où l'enfant fait l'apprentissage de la loi. C'est-à-dire du fait qu'il existe une organisation sociale qui dépasse son désir ou même celui de sa famille. Il va à l'école parce que c'est obligatoire et non pas parce que ses parents le veulent. Leur désir d'autorité n'est pas arbitraire, il relève d'un cadre social qui les dépasse.

---

1. Enquête BVA pour « Sommes-nous de bons parents ? » *in Vivre plus*, le 18 avril 2002.
2. Didier Pleux, *De l'enfant roi à l'enfant tyran*, Odile Jacob, 2002.

Les enfants, en maternelle, ont encore tendance à utiliser la violence pour résoudre un conflit. Deux enfants se tapent dessus pour récupérer la boîte de feutres, ils se mordent, se tirent les cheveux et hurlent. À cet âge, le monde tourne autour de l'enfant et l'autre n'existe qu'en tant que pourvoyeur d'objets censés combler un désir. L'autre, le petit copain voire parfois l'adulte, doit coûte que coûte intégrer le fait que « moi je suis le maître du monde ».

Si rien ne vient réguler son désir, l'enfant roi risque de devenir enfant tyran. Nous connaissons tous l'enfant roi, il est aimé, il possède tous les biens matériels possibles, selon son milieu social. L'enfant tyran, lui, manifeste une véritable domination sur les autres et sur ses parents en particulier. Dans son livre[3], Didier Pleux distingue en effet ces deux catégories. La seconde étant l'évolution dramatique de la première. L'enfant devient tyrannique en sachant profiter de la permissivité parentale.

Nous vivons dans une société où le principe de plaisir est apparemment prioritaire. Nous sommes sollicités dans ce sens, par la publicité notamment, en même temps que la réalité quotidienne nous confronte à la difficulté réelle d'obtenir tous ces biens. Face à une avalanche d'offres, la réalité est que nous ne pouvons nous acheter tout cela. Mais cela crée un déséquilibre entre la satisfaction que nous avons en nous procurant telle ou telle chose et tout le reste que nous n'avons pas. Nous achetons ce bien, mais par défaut nous voyons tout ce qui nous échappe.

Pour les enfants c'est un peu la même chose, ils voient à la télévision un nombre considérable d'objets convoités, mais n'ont pas conscience de la force de travail nécessaire

---

3. *Ibid.*

à l'achat de ce jouet. Ce qu'ils voient, c'est qu'ils ne l'ont pas. Comment leur communiquer le sens de la réalité de l'effort et du temps nécessaire à l'accomplissement d'une action ? Ils sont habitués à « zapper » et ne comprennent pas qu'il faille accepter certaines frustrations avant d'arriver au but.

L'enfant roi et l'enfant tyran deviennent intolérants à la frustration. Frustration inhérente au temps nécessaire pour obtenir ce que l'on veut. L'enfant n'accepte pas l'idée de temps et d'effort nécessaire à tout apprentissage. Il voudrait tout savoir tout de suite et se décourage à l'idée de l'écart qui le sépare de son objectif. À la maison, s'il n'obtient pas ce qu'il veut, il hurle, se roule par terre.

Nous devons prendre garde précisément à ne pas leur donner tout tout de suite. À l'école l'enfant intolérant sera rapidement en difficulté scolaire car il ne supporte pas de ne pas réussir tout de suite, il se sent menacé par la frustration qu'il ressent et ne la tolère pas. « Je veux tout tout de suite » a, à l'école, pour corollaire : « Je veux savoir tout tout de suite sans avoir besoin d'apprendre. »

« Lucas avait de très bons résultats jusqu'en 6e, il travaillait peu, mais cela marchait facilement, maintenant il perd pied et se décourage. »

« Je suis inquiète pour Alain qui entre en seconde cette année, ses résultats chutent, pourtant c'était facile avant, pendant le collège, et maintenant, il a besoin de faire des efforts et il ne sait pas comment faire. »

Ces paroles, nous les entendons souvent. En effet, certains enfants ont des facilités, ils en usent bien, et en abusent parfois pendant longtemps. Mais il arrive un moment où la complexité de certaines matières requiert un minimum d'effort et de travail. Or ces enfants ne connaissent pas ce processus, ils ne savent tout simplement pas travailler car ils n'en ont jamais eu besoin. Ces enfants ont besoin d'intégrer l'idée de temps nécessaire à l'apprentissage et nous verrons comment les y aider dans le prochain chapitre sur la motivation.

Avant même de les aider à apprendre à apprendre, nous pouvons déjà réfléchir à notre attitude à la maison.

Quelle est notre responsabilité dans leurs difficultés ? Nous pouvons par exemple réfléchir à ce que nous ressentons et infligeons à nos enfants par notre impatience. Aux exigences que nous leur imposons très tôt, trop tôt souvent, sans leur indiquer ou les guider dans le processus d'apprentissage. Ne serions-nous pas nous-mêmes imprégnés de l'idéologie du « tout tout de suite », et nous-mêmes intolérants à la frustration ?

On a vu que l'école est souvent le premier lieu où l'enfant découvre que son désir ne fait pas force de loi, qu'il y a une organisation sociale à laquelle il doit s'intégrer et qui le respecte dans son individualité. Il y apprend qu'il est un individu très important et que les autres enfants et individus sont aussi très importants. Il doit en être de même à la maison et trop souvent les parents ont tendance à laisser cette part éducative et donc répressive aux enseignants en se réservant la part affective.

Apprendre à dire non

Il y a différentes façons de s'opposer, de poser des limites et de dire « non ».

Pour apprendre à dire non il faut déjà apprendre à dire « je ». L'autorité parentale passe en effet par l'affirmation de soi. Affirmer son rôle de parent, c'est avoir réfléchi à sa mission, aux valeurs qui sont les nôtres et c'est ce que nous vous avons invités à faire dans le chapitre 2. Le conflit, lui, est nécessaire pour affirmer nos valeurs et tenir avec cohérence nos positions. Quel que soit le cas, le refus passe par l'affirmation de soi et exige notre implication personnelle. L'usage du « je », comme dans les exemples suivants va nous aider à mieux exprimer notre implication.

« **Je** pense que 20 euros par mois d'argent de poche sont suffisants, même si tes copains ont davantage. »

« **Je** pense que 22 heures est une heure raisonnable quand tu as classe le lendemain, tu as le droit de ne pas être d'accord. »

Pour qu'un refus soit accepté, il doit être expliqué et cohérent. Dire non à un enfant le soir alors qu'on lui avait dit oui le matin n'a pas de sens, et nous fait perdre toute crédibilité. N'oubliez pas que vos enfants sont intelligents et dotés d'une excellente mémoire. Ils sauront très vite tirer parti de nos faiblesses et de nos contradictions qui nous font parfois menacer d'une sanction que nous ne mettons pas à exécution ou faire une promesse que nous ne tenons pas. Expliquer le pourquoi d'un interdit et son importance est fondamental, mais si on laisse transgresser la règle, on est incohérent. En punissant un enfant qui n'a pas respecté une règle, nous mettons nos actes en accord avec nos paroles. Par ailleurs, la punition permet à l'enfant de « réparer » sa faute, de se libérer de sa culpabilité.

En revanche, la justice est une valeur très importante pour les enfants et nos refus doivent être justifiés. « Non, pas de télé, c'est comme ça et pas autrement », voilà un refus non justifié qui a toutes les chances d'être mal accepté.

Expliquer le sens d'un refus, le justifier ne consiste pas à argumenter longuement.

« Non, j'interdis la TV après 22 heures les veilles de classe » est un refus rapidement justifié qui sera mieux accepté.

Il est important de faire respecter des règles de conduite à la maison, sachant que toute règle comporte des exceptions. On peut par exemple faire une entorse à la règle du coucher avant 22 heures les veilles d'école pour une occasion particulière.

Les principes de la communication émotionnelle

Pour gérer les conflits, il faut accepter d'y faire face et aussi savoir les désamorcer avant qu'ils ne tournent à l'affrontement. Les querelles dégénèrent le plus souvent à la suite d'une escalade de violence verbale. Le langage peut être une arme redoutable, mais c'est aussi avec les mots que l'on guérit les maux. Nous allons voir que le langage du cœur, le parlé vrai est l'antidote du langage de la violence.

➤ *Décrire les faits sans juger*

Une technique simple de résolution de conflits avec nos enfants consiste à décrire les faits et à exprimer ce que l'on ressent de la manière la plus explicite possible. Dans son livre *Guérir*[4], David Servan-Schreiber parle de « communication émotionnelle » ou « communication assertive ». Le premier principe de cette communication non violente est de remplacer toute critique par une description objective de la réalité. De distinguer le jugement de l'observation.

Quand nous disons à un enfant « **tu** es paresseux », « **tu** t'es trompé », nous portons un jugement en le pointant d'un doigt accusateur.

En faisant remarquer à votre enfant que « le travail n'est pas terminé », qu'« il y a une erreur », vous émettez de simples constats qu'il ne peut nier. Prenons un autre exemple :

---

4. D. Servan-Schreiber, *Guérir le stress, l'anxiété et la dépression sans médicaments ni psychanalyse*, Robert Laffont, 2003.

votre enfant à une heure de retard. L'accabler d'un « tu es en retard d'une heure, tu te moques de moi » est une critique qui appellera sans doute une objection de sa part.

En revanche, la simple description des faits ne peut être contestée : « Nous avions rendez-vous à 5 heures, et il est 6 heures. »

Décrire les faits nous permet également d'éviter de faire la confusion entre le comportement de l'enfant et son identité. Par exemple, si nous disons à l'enfant qui vient de tirer la queue du chat « tu **es** méchant », nous faisons une confusion entre le niveau de l'identité, de l'être (**tu es** méchant) et le niveau du comportement, du faire (**tu fais** mal au chat). Il vaudrait mieux dire : « Ce que tu as fait est méchant, tirer la queue du chat lui fait mal. Il ne s'agit pas de minimiser les faits ni de disculper l'enfant mais de s'en tenir à son comportement, qui n'a rien à voir avec son identité.

➤ *Exprimer ses sentiments*

Le deuxième principe de la « communication émotionnelle » est d'apprendre à exprimer ses émotions, ses sentiments. L'idée est simple, mais la chose n'est pas aisée, car nous avons souvent pris l'habitude de nous couper de nos émotions.

C'est en développant notre intelligence émotionnelle que nous saurons mieux gérer les conflits. Apprenons et apprenons à nos enfants à accepter les émotions, à les reconnaître, à les nommer. Aucune émotion n'est mauvaise en soi. Des émotions comme la tristesse ou la colère ne sont pas négatives.

L'émotion est faite pour s'exprimer un temps, mais pas pour durer. Une tristesse qui dure devient dépression. Une peur qui persiste devient anxiété. Une colère non exprimée est une colère qui ne s'efface pas. Il est donc naturel qu'un enfant exprime sa colère. En même temps, il est utile de lui apprendre à verbaliser ses émotions, à exprimer par les mots plutôt que par les cris ou les coups.

Nommer et comprendre nos sentiments nous permet de ne pas les subir passivement, et d'accepter que ce ne sont pas nos émotions qui nous gouvernent, que nous en sommes maîtres. Des expressions comme « la colère m'a mis hors de moi » ou « c'est plus fort que moi » suggèrent que nous sommes esclaves de nos émotions, alors que celles-ci ne demandent qu'à être apprivoisées.

Nous devons aussi être convaincus que les autres ne sont pas responsables de nos émotions. Quand je dis « tu m'énerves à ne rien écouter », mon interlocuteur endosse toute la responsabilité de mon émotion, alors que rien ne m'oblige à m'énerver. La réalité est : « Quand tu ne m'écoutes pas, je suis obligée de répéter, cela me fatigue et je m'énerve. » Avec cette formulation, nous décrivons les faits et exprimons les sentiments associés.

« Quand tu ne m'as pas montré ton carnet de notes, j'ai pensé que tu ne me faisais pas confiance et cela m'a fait de la peine. »

Au lieu de dire « **tu** m'énerves, **arrête** tout de suite », je peux dire « **je** ne suis pas d'accord avec ce que tu fais, cela **me** dérange et **je** pense que… ».

➤ *Exprimer les besoins mutuels*

Chaque querelle est l'expression d'un besoin bafoué et la simple expression de ses besoins peut apaiser la situation.

« Les enfants, quand je rentre du travail, je suis fatiguée, j'ai besoin de calme, et je voudrais ne pas avoir à répéter les choses. »

Surtout, ne vous privez pas d'exprimer vos émotions agréables et faites-les partager :

« Les enfants, je suis si heureuse quand je rentre et que vous avez fait votre travail. »

Un parent qui sait exprimer ses émotions permettra à l'enfant d'exprimer à son tour les siennes. Il est très important d'habituer nos enfants à faire part de leur ressenti, et l'on sait qu'il y a un lien direct entre les difficultés à les exprimer et la violence (physique ou verbale).

« Viens, on va s'expliquer dans la cour » montre qu'à défaut de mot, certains utiliseront les coups.

Les personnes qui savent manifester de l'empathie ont d'abord appris à être à l'écoute de leurs émotions. Faire entendre ses besoins est donc la clé de l'implication personnelle à la base de la gestion des conflits, au même titre que le respect des besoins de l'autre.

Prenons l'exemple d'une adolescente qui demande l'autorisation de sortir le soir. Elle exprime un besoin légitime de liberté. De votre côté, vous éprouvez le besoin d'être rassuré, de la savoir en sécurité. Vous pouvez exprimer ces besoins mutuels de la sorte :

« Je comprends que tu aies **besoin** de liberté et que tu aies envie de sortir le soir, de mon côté, j'ai **besoin** d'être rassuré et je te demande de ne pas rentrer seule. »

Le respect des besoins mutuels permet de trouver un terrain d'entente, et de privilégier la négociation au lieu de chercher à faire passer vos idées en force, ou de menacer : « Tu ne sortiras pas, c'est comme ça », ou de vous soumettre : « Bon, OK, fais ce que tu veux. »

Ce respect mutuel permet de négocier quelque chose d'acceptable : « Je t'autorise à sortir si tu es accompagnée d'un adulte au retour. »

Le conflit ne devrait pas être vécu comme une compétition d'où l'un ressortira gagnant et l'autre perdant.

Un conflit bien géré est un conflit dont aucun n'a l'impression de sortir perdant. Les deux parties vont rechercher ensemble une solution créative à leur problème dans le respect et l'écoute mutuels. Ce principe de base de la communication non violente nous invite donc à changer nos habitudes de langage. C'est pourquoi, la première étape consiste à repérer, chez soi et chez les autres, les pièges du langage dont nous avons parlé dans les pages qui précèdent.

Exercice
Observez les habitudes de langage
Nous vous proposons pendant une semaine d'observer les prochaines interactions familiales.
Que notez-vous ?
— Avez-vous prêté plus attention à la formulation de vos remarques ?
— Qu'en est-il résulté ?
— Quelles solutions inédites avez-vous trouvées pour que les crises trouvent une issue où chacun se retrouve gagnant ?
— Si vous n'avez rien changé, notez simplement les moments où les choses semblent aller mieux et tentez de repérer les facteurs qui entrent en ligne de compte dans cette amélioration.

Apprendre à voir les choses autrement : le recadrage

De même que nous avons vu comment nous pouvions modifier notre vocabulaire, nous allons voir maintenant comment changer notre regard pour dénouer les difficultés.

« Nous ne reculons pas, nous avançons vers l'arrière » dit le général. Cette célèbre boutade est un exemple de ce que nous appelons un recadrage : manière de « positiver » une situation. Selon le vieil adage, chacun peut voir la bouteille d'eau à moitié vide ou à moitié pleine.

Le recadrage est une façon de « positiver » une situation. Nous pouvons transformer notre perception négative et limitante d'une situation en une perception positive et aidante. Cela demande au début une certaine vigilance, mais peut à terme devenir un automatisme.

Le recadrage n'est pas de l'angélisme, les problèmes ne disparaissent pas spontanément. En revanche, il aide à s'orienter vers la recherche de solutions.

Prenons un exemple : vous vous plaignez de votre enfant que vous qualifiez d'hyperactif.

Même si cela traduit une réalité, la description du problème ne vous fournit pas de piste de solutions.

L'idée du « recadrage » consiste à transformer le sens d'une situation. Par exemple, si un enseignant trouve que tel enfant est hyperactif, un autre peut le trouver plein d'énergie. Ni l'un ni l'autre n'a tort ou raison. Chacun a un point de vue différent sur la situation et probablement des comportements différents à l'égard de l'enfant.

Ce que nous voulons dire, c'est que la manière dont on aborde un problème peut devenir partie du problème. Dès lors que l'on voit les choses d'une certaine façon, on a tendance à continuer à les voir ainsi, et cette perception détermine notre comportement. Le recadrage permet d'envisager la situation sous un angle nouveau, ce qui peut déboucher sur des réactions différentes.

Pour revenir à notre exemple, l'étiquette d'hyperactif est limitante, car elle laisse impuissant face à ce genre de comportement. En recadrant l'enfant comme « plein d'énergie », on se donne la possibilité de canaliser cette énergie.

Vous percevrez peut-être le recadrage comme simpliste, une façon de jouer sur les mots. Mais si le recadrage est honnête, il peut vraiment permettre de changer la perception d'une situation et surtout d'induire de nouveaux comportements.

Benjamin, en moyenne section était très influencé par les plus grands et plus moteurs que lui. Après plusieurs discussions entre les parents, l'institutrice et la directrice, il a été décidé de donner à Benjamin plus de responsabilités. Recadrer Benjamin « le suiveur », « le chahuteur » en un « Benjamin veut grandir » ou en un « Benjamin impatient de participer ». Cela a impliqué un comportement différent. Si Benjamin est délibérément chahuteur, il est énervant et on a envie de le punir. Si on comprend son comportement différemment, alors on envisage d'autres formes de solutions : c'est ce qui a été fait et qui a beaucoup amélioré les choses.

EXEMPLES DE RECADRAGE	
Comportements	**Recadrages**
Il bavarde beaucoup	Il aime communiquer
Il rêve en classe	Il a de l'imagination
Il est timide	Il est prudent
Il se bat avec les autres	Il aime se faire respecter
Il cache ses mauvaises notes	Il ne veut pas décevoir
Il est en dessous de la moyenne	Il n'a pas encore la moyenne
Il est fainéant	Il est peu motivé

Exercice

Recadrez les comportements de votre enfant

Décrivez les comportements difficiles de vos enfants et notez les recadrages qui vous paraissent adaptés à leur personnalité.

Comportements	Recadrages

Considérer le comportement de nos enfants sous un nouvel angle nous conduira à agir différemment et cela entraînera un changement dans le comportement de l'enfant. Le système scolaire ne tirerait-il pas également un grand bénéfice à adopter ce mode de pensée positive en insistant davantage sur les acquis des élèves que sur leurs manques ? Faut-il vraiment qu'un enfant qui fait 5 fautes (à 2 points) à sa dictée se voie attribuer un 0 alors que 90 % de son texte est correct ?

Agir différemment

Certaines situations perdurent ou sont bloquées parce que nous nous enfermons dans des modes d'action répétitifs et sans issue. Bien souvent, le changement s'opère dès que le schéma est rompu. Quel que soit le problème, nous l'avons vu, la manière dont on l'aborde est peut-être devenue une partie du problème, et changer notre façon de faire cette fois peut suffire à amener un changement de la situation.

Quand quelque chose ne marche pas,
inutile d'en faire toujours plus

« Tous les soirs, nous dit cette maman excédée, je répète à Nicolas de se mettre à son travail et il n'en fait qu'à sa tête. » « Si je ne suis pas derrière son dos tous les jours, il oublie tout et son cartable est fait n'importe comment », « Inlassablement, je lui répète… »

Et si la solution que nous avions adoptée devenait le problème ? C'est peut-être parce que nous lui répétons sans cesse la même chose que les mêmes effets se produisent ? Cela ne signifie pas que l'intention n'est pas bonne, ou que cela ne puisse pas parfois marcher. Mais quand cela ne marche pas, il faut changer de stratégie.

> Lydia a 12 ans, elle est en 6e. Elle a du mal à se concentrer en ce moment, et ses parents, voulant bien faire, lui rappellent sans cesse qu'elle doit travailler. Lydia est agacée, mais surtout ses problèmes de concentration ne s'arrangent pas. Et elle culpabilise. Pour sortir de ce cercle vicieux, un changement de comportement de la part des parents était souhaitable. Nous avons donc décidé ensemble de relâcher, au moins pour un temps, la pression sur Lydia. Celle-ci s'est sentie responsabilisée et a repris doucement confiance en elle.

Si ce que l'on fait ne marche pas,
essayons autre chose

Modifier la réaction de l'entourage suffit parfois à sortir du cercle vicieux, l'idée étant que l'entourage joue un rôle dans la persistance du problème ou dans sa levée. Cette idée est à la base de la pensée dite systémique, c'est-à-dire d'une pensée qui prend en compte le contexte et l'interaction des différents éléments de ce contexte pour la compréhension d'un problème et évidemment pour la recherche de solutions. Milton Erickson, psychiatre américain, est l'un des maîtres à penser de ce courant de pensée qui a donné naissance aux thérapies familiales et aux thérapies brèves. On raconte qu'enfant, alors qu'il était particulièrement chétif, il réussit contre toute attente à faire rentrer l'âne de ses parents dans l'étable. Tandis que tout le monde tentait désespérément de pousser l'âne, fatalement têtu, dans l'étable, le petit Milton fit le contraire. Il tira vivement sur la queue de l'âne, et… celui-ci fonça dans l'étable. Illustration parfaite du postulat suivant : « Plus on pousse dans un sens, plus le système pousse dans l'autre. »

Plus on pousse dans un sens, plus le système pousse dans l'autre

Milton Erickson avait un grand respect de l'expérience de ses clients. Il utilisait tous les éléments qu'apportaient ceux-ci pour élaborer une solution. Il considérait en effet que chacun a en soi les aptitudes et les connaissances nécessaires à la résolution de la plupart de ses problèmes.

Par exemple, pour revenir au sujet qui nous intéresse, si nous considérons que notre enfant se rebelle parce que, pour la centième fois, il refuse de se relire alors que nous le lui avons répété cent fois, nous cherchons à pousser l'âne dans l'étable. En revanche, si nous prenons cette résistance comme un indice que nous ne faisons pas la bonne action alors nous chercherons une autre solution.

La pensée systémique nous propose de considérer que nous faisons partie d'un contexte et qu'il suffit qu'un élément change pour que tout le système change. Cela signifie que pour modifier un problème et trouver une solution il suffit d'agir sur l'un des éléments du système.

Exercice
Apprenez la flexibilité

Pensez à une situation scolaire conflictuelle et répétitive.

Quels comportements avez-vous mis en place jusqu'à présent ?

Quels autres comportements pourriez-vous adopter ?

La pratique de cet exercice devrait vous amener à constater à quel point notre flexibilité et notre créativité nous aident à sortir de situations souvent « bloquées » parce que nous nous sommes obstinés trop longtemps à reproduire les mêmes comportements, pourtant inopérants.

Récapitulatif

Interventions pour provoquer le changement

Adopter un nouveau point de vue :

- Pour l'élève, un point de vue différent peut entraîner un comportement différent.
- Pour les parents, un point de vue différent provoque des réactions différentes.
- Pour l'enseignant, un point de vue différent le conduit à agir différemment.

Adopter un nouveau comportement :

- Un petit changement de comportement peut provoquer un gros changement, c'est l'effet « boule de neige ».
- Le maintien de la mauvaise solution maintient le cercle vicieux.
- Quand un élément change, c'est tout le système qui change.

CHAPITRE 5

Augmentez sa motivation

Avant de découvrir les vertus du recadrage, vous pensiez : « Il est paresseux », « Il ne fait pas d'effort. » En révisant votre point de vue, vous arriverez certainement à la conclusion suivante : « Il a besoin d'être motivé. » Nous savons que les ressorts de la réussite scolaire sont la motivation et les capacités.

Nous allons voir dans ce chapitre comment transmettre aux enfants et aux adolescents la valeur travail ainsi que la notion de plaisir liée à l'apprentissage, et comment les aider à se fixer des objectifs mobilisateurs.

Motivation et environnement familial

Accompagner la scolarité de son enfant, c'est réveiller en lui l'envie de réussir, le goût du travail et le plaisir d'apprendre inné chez les enfants mais qui, hélas, s'étiole souvent au fil des ans.

En effet, le goût du travail correspond à celui du jeu. Quelle différence entre un puzzle, un jeu de construction, et le « travail » de l'école dans les petites classes ? Tous les jeux sont éducatifs et le plaisir de réussir et d'apprendre se développe pendant ces jeux. Ce sont des moments clés, où la difficulté est un défi, où le partage avec les parents ou un frère ou une sœur plus grand permet à l'enfant de se sentir soutenu, étayé, encouragé et félicité. Jouer simplement avec son enfant est déjà le point de départ de l'accompagnement scolaire. Ce n'est pas le mot scolaire qui est essentiel mais le mot accompagnement.

Patrick, père de famille me parle de ses inquiétudes par rapport à ses enfants : « *Je ne m'occupe pas assez d'eux, je rentre tard, je n'ai pas toujours la patience, je devrais faire mieux.* » On rencontre souvent cette culpabilité car les parents sont plutôt bien informés, aujourd'hui, des besoins de leurs enfants. La culpabilité est utile comme signal mais ne se suffit pas à elle-même. Elle devrait fonctionner comme un signal pour reconsidérer la situation différemment ou envisager de nouvelles actions mieux adaptées.

> « Quand voyez-vous vos enfants le plus souvent ?
> — Le week-end.
> — Qu'aimez vous faire en dehors de votre travail ?
> — Je joue de la musique.
> — Vous êtes un bon musicien ?
> — Oui, c'était ma passion, dix ans de conservatoire, puis du rock, mais j'ai arrêté. J'adorais ça.
> — Vous ne jouez plus ?
> — Si, de temps en temps, le soir tard, et le dimanche.
> — Ah, le dimanche…
> — Oui, d'ailleurs, je fais parfois écouter à mes enfants des bandes, mes anciennes maquettes. »
>
> Patrick, en parlant de tout cela, s'anime un peu, sourit.
> « Des maquettes ?
> — Oui, des trucs que je faisais au synthé, rien n'est vraiment abouti, mais oui, c'était un projet de musique de film, un truc pour

lequel j'avais beaucoup travaillé. J'adorais cela. Toujours d'ailleurs. Je travaille quelquefois avec mon frère, lui a continué dans cette voie et j'ai la chance de participer, quand c'est possible, à ses projets. »

Patrick est visiblement heureux en évoquant ce qu'il fait toujours, même de façon semi-professionnelle. Je lui demande alors :

« Et vos enfants, vos deux garçons, ils ne font pas de musique ?

— Si, du piano. Je joue avec eux quelquefois. Je les fais répéter, des quatre mains.

— Ils aiment écouter vos maquettes ?

— Oui, ils en sont fiers, je crois. (Patrick aussi, cela se lit sur son visage.)

— Continuez, c'est le meilleur moyen de leur faire partager votre enthousiasme et c'est ce qui est le moteur de la motivation. »

Ce père ne se rend pas compte que le temps qu'il passe avec ses enfants à leur faire répéter leurs leçons de piano *et* à leur faire partager son plaisir de jouer sont des moments précieux, aussi précieux que s'il passait le même temps à leur faire réciter leurs leçons. Un certain nombre de parents, souvent des pères, ont avec leurs enfants ce moyen qu'est la musique pour partager quelque chose. Musique classique, baroque, rock ou autre, peu importe, tout apprentissage requiert les mêmes critères : patience, effort, répétition. Ce fameux goût de l'effort que l'on dit disparu. Il disparaît effectivement si on le cantonne à l'ânonnement des leçons, mais si vous, parents, « sortez vos compétences » de vos tiroirs secrets et quelquefois poussiéreux, vous pourrez en faisant partager vos émotions à vos enfants leur indiquer la voie de la motivation. Pas de motivation sans but, pas de but sans plaisir, le plaisir de lire, de jouer de la musique, de danser, de peindre, de cuisiner, etc.

Voici un exercice que nous vous recommandons si vous êtes inquiets sur vos propres compétences : lister vos compétences ou plutôt vos appétences.

Exercice

Listez vos compétences et passions

Notez sur un papier dix choses au moins que vous savez bien faire ou plutôt que vous aimez faire.

Exemples :

— J'adore cuisiner
— J'aime jouer de la musique
— Je peins
— J'adore coudre et dessiner des vêtements
— Je fais de la photo
— J'encadre des vieilles photos
— Je fais du canevas, du point de croix, de la tapisserie
— Je me passionne pour le cinéma et son histoire
— Je suis passionné par l'architecture
— J'aime les animaux, etc.

Prenez le temps, faites-le en plusieurs jours, remémorez-vous ce que vous aimiez particulièrement faire et que peut-être vous avez continué à faire ou momentanément arrêté.

Listez-le simplement sur une feuille et demandez-vous ce que vous pourriez faire partager à vos enfants.

Dès le plus jeune âge, l'enfant s'imprègne des modèles parentaux, et nous ne devons pas oublier que nos comportements ont valeur d'exemple pour nos enfants.

Rien ne sert de leur répéter que la lecture est très importante s'ils ne vous voient jamais ouvrir un livre. Comme nous l'avons vu précédemment, les enfants sont très sensibles à nos incohérences, et vos messages n'auront de poids que si vos actes sont en accord avec vos paroles. Ce que l'on fait est aussi important que ce que l'on dit.

Reprenons l'exemple caractéristique de la lecture. Outre le fait de voir lire ses parents, le meilleur moyen de favoriser l'apprentissage de la lecture n'est-il pas de donner à l'enfant l'envie de lire en lui racontant des histoires ?

➤ *Associer plaisir et apprentissage*

L'envie d'apprendre et le plaisir d'apprendre sont les ressorts de l'apprentissage. Si vous en doutez, nous vous invitons à repenser votre relation à l'apprentissage en reconsidérant quelques idées reçues :

« L'apprentissage est une souffrance. »

« Apprendre n'est pas une partie de plaisir. »

« Il faut travailler dur pour y arriver. »

Ces idées sont parfois si enracinées qu'on les tient pour vraies alors que dès notre plus jeune âge, nous avons prouvé le contraire, en réalisant de grands exploits avec le sourire. L'enfant qui fait ses premiers pas jubile, ses premiers mots sont accueillis avec joie, le vélo s'est laissé apprivoiser, avec quelques bosses peut-être, mais aussi avec beaucoup de rires et de fierté.

Apprendre et se dépasser étaient étroitement associés il y a peu encore avec jubilation et fierté. Est-ce l'école qui tout à coup véhicule avec elle, chez nous, parents en premier lieu, tout un cortège de croyances plutôt limitantes que favorables à l'épanouissement ?

➤ *Quelles sont vos croyances sur l'école et l'apprentissage ?*

Marie vient nous voir au sujet de sa fille Isabelle, 10 ans. Marie a arrêté de travailler pour se consacrer à ses trois enfants. Elle est exigeante, et pense qu'Isabelle ne fait pas assez d'efforts, qu'elle se laisse vivre, que si l'on n'est pas toujours derrière elle, elle ne sait pas s'organiser et n'est pas motivée. Marie est perfectionniste, elle-même enseignante, elle estime que le sens de l'effort est primordial. Nous sommes là-dessus d'accord avec elle. Mais, pour Marie, effort rime avec souffrance. Nous avons donc cherché à recadrer, à assouplir sa façon de voir les choses. En effet, face à une enfant quelque peu démotivée, il ne semble pas très habile d'opposer à son désir de « se laisser vivre » une vision de l'effort toute tournée vers la souffrance. Nous avons alors proposé à Marie, et non à Isabelle, de repenser à une situation d'apprentissage réussi pour elle, récente ou ancienne, et de s'interroger sur les sentiments qui y étaient associés.

Marie s'est souvenue de ses leçons de conduite. Elle y prenait beaucoup de plaisir malgré la difficulté que cela représentait : « J'étais heureuse et fière de constater mes progrès, je pensais que j'allais bientôt pouvoir partir en vacances en conduisant une voiture, ou sortir le soir de façon autonome. »

Relier le plaisir et l'apprentissage permet de redonner de la motivation aux enfants, comme aux adultes d'ailleurs. Par exemple, si l'apprentissage de la lecture est lié aux notes obtenues ou aux appréciations de la maîtresse, cela ne sera pas suffisant, mais associer le plaisir des histoires à la lecture est stimulant. C'est pourquoi il vaut mieux ne pas renoncer tout de suite à lire des histoires à votre enfant, sous prétexte qu'il sait lire. Ses progrès seraient liés là à une punition plutôt qu'à un plaisir. Mais lire à deux, se relayer, prendre le temps de profiter avec notre enfant de ses nouvelles acquisitions est une manière de lui offrir un environnement motivant et de qualité. Notre responsabilité en tant que parents est de faire en sorte qu'un climat, à la fois stimulant et agréable, règne autour du travail scolaire. Mettre en place les conditions favorables au travail plutôt que de s'acharner sur le contenu des devoirs.

Accepter ou adopter l'idée que plaisir et apprentissage sont étroitement intriqués provoquera à coup sûr de nombreux changements (positifs) en vous et autour de vous. Comme nous l'avons vu au chapitre 1, le fait de changer certaines croyances (limitantes) a de multiples effets.

Exercice
Remémorez-vous un apprentissage réussi
Prenez quelques instants pour repenser à une situation (récente ou ancienne) d'apprentissage réussi :

___

___

___

Quels sont les sentiments qui y sont directement associés, la joie ou la souffrance ?

___

___

___

➤ *Valoriser l'école et le travail*

C'est en grande partie en fonction de la valeur que représente l'école au sein de la famille, et en fonction du lien qui y est instauré entre plaisir et apprentissage que l'enfant a envie de réussir à l'école. « Il faut aller à l'école. »

Si le projet se résume à cela, admettons qu'il est modérément enthousiasmant.

Est-ce qu'un enfant qui réussit aime l'école ou est-ce qu'un enfant qui aime l'école réussit ?

➤ *Quelle image de l'école leur renvoyez-vous ?*

La première question que vous pouvez vous poser est : Quelle image de l'école véhiculez-vous ?

On entend trop souvent que l'école ne sert à rien, qu'elle n'est pas à la hauteur, qu'elle est responsable de tout y compris de la mauvaise éducation des enfants, on lui reproche tout et son contraire. Soit l'école est idéalisée et les parents se déchargent complètement sur elle, soit elle est dévalorisée.

Vous n'avez certainement pas que des bons souvenirs scolaires, mais est-il vraiment indispensable de ne parler que des mauvais, ou de ne pointer que vos lacunes ? « Au même âge, moi aussi j'étais nul en mathématiques. » Il y aurait une autre manière d'évoquer cela en laissant la porte ouverte au progrès : « Tu seras sûrement meilleur que moi ! » Le « moi aussi » est risqué car l'enfant s'identifie à nous dans son processus de construction. Il vaut mieux faire passer un message d'évolution que de répétition. Insidieusement, nous plaquons sur nos enfants des étiquettes auxquelles ils risquent de s'identifier en toute bonne conscience. « Ce n'est pas de ma faute, c'est génétique… »

Les enfants aiment beaucoup nous entendre évoquer nos souvenirs scolaires, mais de préférence s'ils sont bons (ou cocasses).

➤ *Quelle image leur donnez-vous du travail ?*

La deuxième question que vous pouvez vous poser est : Quelle image leur donnez-vous du travail ?

Pour un enfant, aller à l'école c'est « aller au travail ». Et il est très sensible à la manière dont on va lui relater (ou non) notre journée. Imaginons le petit déjeuner classique d'une famille, un lundi. « Vivement le week-end », « Que c'est dur le lundi », « Je suis déjà fatigué », « Je n'ai pas envie d'y aller », « Mon boss m'énerve », « Mes collègues sont idiots », etc. Comment nos enfants peuvent associer plaisir, motivation et travail s'ils nous entendent la majeure partie du temps nous plaindre de notre travail ?

Nous avons évoqué le matin mais nous pourrions évoquer la soirée sans changer grand-chose. Comment faire autrement ? En racontant ce qu'il y a eu d'intéressant dans notre journée, pendant notre travail et en dehors.

Rechercher ce qui s'est passé d'intéressant est un exercice fort utile pour les parents.

Exercice

Que partager avec votre famille ?

Prenez chaque jour 5 minutes dans la voiture ou dans le métro pour vous demander ce qui s'est passé d'intéressant, d'amusant dans votre journée que vous pourriez partager avec votre famille.

➤ *Relier l'école à la vie*

La motivation est ce qui donne un sens à nos actions. Beaucoup d'enfants « démotivés » ne font pas le lien entre les apprentissages et la réalité : « Ça sert à quoi d'apprendre la préhistoire ? », « Ça sert à quoi les mathématiques ? »

Il est important que l'enfant puisse mettre en perspective ses apprentissages scolaires, afin d'en comprendre l'utilité car on apprend mieux lorsque ce que l'on apprend a un sens. D'ailleurs, quand un adulte a décidé d'apprendre quelque chose, en général il sait pourquoi. C'est souvent la raison pour laquelle certains adultes reprennent des études ou des formations avec une motivation et une facilité plus grandes. Ce n'est pas le cas de l'enfant.

Brigitte est une jeune mère de famille débordée (c'est un pléonasme), elle aime communiquer, dit-elle, et a choisi un poste d'hôtesse d'accueil dans un cabinet d'avocats. Elle est passionnée par les gens qu'elle côtoie, elle aime résoudre les mille et une difficultés qui se présentent comme des petits défis qu'elle aime gagner. La manière dont elle présente sa journée va différer selon qu'elle se sent accablée par la somme des problèmes qu'elle a eu à résoudre ou selon qu'elle est fière du nombre de défis qu'elle a relevés.

Patricia est passionnée par l'astronomie, une passion partagée avec son grand-père quand elle était enfant. Cette passion partagée, ce but qu'elle s'était fixé lui ont permis de tenir bon lors de ces longues années d'apprentissage au collège, au lycée, puis dans ses études supérieures. Astronome, un rêve d'enfant, astrophysicienne, une réalité d'adulte.

Un enfant a besoin d'être accompagné pour maintenir sa motivation pendant ses années d'apprentissage. Comme nous venons de le voir, cet accompagnement ne concerne pas seulement le soutien scolaire proprement dit, mais le partage de l'enthousiasme ou de l'intérêt pour le travail.

Il est important aussi de faire comprendre à l'enfant qu'en plus du savoir et des connaissances acquises, chaque apprentissage développe un type de capacité. L'algèbre développe des facultés d'abstraction, la géométrie développe l'intelligence de l'espace, l'histoire, les capacités d'analyse, etc. Les enfants (comme les adultes) ne sont pas conscients des facultés extraordinaires du cerveau pas plus qu'ils ne connaissent son fonctionnement. Or, le cerveau ne s'use que si l'on ne s'en sert pas. Les jeunes qui sont très sensibilisés au monde de l'informatique comprendront aisément l'analogie entre un cerveau et un ordinateur. Plus on le nourrit, plus on augmente ses capacités et ses connexions (sans le surcharger lui non plus), plus l'ordinateur est performant…

L'envie de réussir, plus forte que la peur d'échouer

« Si tu ne travailles pas, tu seras chômeur. »

Le contraire de l'enthousiasme, c'est la peur.

L'emploi de la peur ou de la menace comme outil de motivation est plus que discutable, même s'il peut donner des résultats tangibles sur le court terme. La peur de l'échec est un grand facteur de stress chez les jeunes, et nous devons éviter de leur transmettre notre anxiété.

Votre objectif doit être de donner l'envie à votre enfant d'*aller vers* une réussite et non pas d'*éviter un échec* !

« En travaillant bien, tu auras le choix de ton métier plus tard. » Voilà une perspective plus encourageante.

Nous verrons dans la deuxième partie de ce chapitre combien il est important de se fixer des objectifs « positifs ».

➤ *S'intéresser à sa vie à l'école et pas seulement à ses notes*

« Ce qui l'intéresse vraiment, ma mère, ce sont mes notes, pas ce que je vis à l'école. » C'est souvent ce que l'on entend de la part des enfants lors des consultations. Et c'est souvent vrai.

Si des parents ne montrent pas d'intérêt pour la vie scolaire de leurs enfants, on imagine mal pourquoi l'enfant s'intéresserait à l'école. À l'inverse, l'intérêt des parents renforce celui des enfants.

Or, s'intéresser à la vie scolaire de nos enfants ne se résume pas exclusivement à s'enquérir de leurs notes ! Notre souhait en tant que parent n'est pas la performance de l'enfant à tout prix, mais son épanouissement. Trop de parents, victimes de la pression sociale, sont obnubilés par les notes, et soumettent leurs enfants à un stress nuisible à leur équilibre et, qui plus est, à leur réussite scolaire. Gisèle George, pédopsychiatre, s'inquiète dans son livre[1] du développement de pathologies du stress chez les enfants. Elle met en garde les parents qui, croyant bien faire, surchargent l'emploi du temps de leurs enfants ou inondent les plus petits de jeux uniquement « éducatifs ». Là encore, le culte de la performance et l'excès d'activités peuvent nuire à l'enfant et entraîner des difficultés scolaires. L'idée selon laquelle ne rien faire est une perte de temps est fausse. Au contraire, l'enfant a besoin de temps à lui pour intégrer les apprentissages, et pour se construire sur le plan psycho-

1. Gisèle George, *Ces enfants malades du stress*, Anne Carrière, 2002.

affectif. À cet égard, le jeu et l'imaginaire sont essentiels à son développement.

S'intéresser à la scolarité de son enfant, c'est donc s'intéresser à tout ce qui fait sa vie à l'école, la récréation, les amis, la cantine, les apprentissages, y compris le sport, la musique, le dessin. Et c'est s'intéresser à la façon dont il s'y prend pour faire tout cela, aux nouvelles capacités qu'il sait utiliser. À quoi aiment jouer les enfants après l'école ? À l'école. Surtout si ce sont eux qui jouent le rôle de la maîtresse, ou du maître. Pourquoi ne jouerions-nous pas le rôle de l'élève, en leur demandant de nous expliquer ce qu'ils ont appris ?

Beaucoup de parents se plaignent que leurs enfants ne leur racontent rien. « Raconte-moi ta journée » n'est peut-être pas la meilleure entrée en matière. Nos enfants parlent quand ils en ont envie et plus facilement si nous embrayons sur quelque chose de précis. Efforçons-nous de poser une question précise : « Comment s'est passée la sortie au musée Picasso ? » « Est-ce que les exposés t'ont intéressé ? », etc. Ou bien de laisser venir, il sera plus en forme demain au petit déjeuner, que ce soir épuisé par sa journée.

« Tu ne me racontes jamais rien » est une variante tout aussi peu engageante. Et vous, leur racontez-vous quelque chose de votre journée, parlez-vous avec votre compagnon, vos amis de votre vie quotidienne ? Si vous pensez que ce que vous vivez au travail n'est pas intéressant, il pensera la même chose. « Ce qui se passe à l'école n'est pas intéressant à raconter. » Son bureau à lui, c'est l'école. Il va modéliser votre façon de parler, de vous situer par rapport à votre contexte de vie. Bien sûr, ne pas rapporter tous les malheurs du monde à la maison est une bonne chose, mais n'isolons pas trop la vie familiale de la vie tout court car elle risque de devenir ennuyeuse et coupée des réalités extérieures. Il ne s'agit pas d'ingérence dans la vie de nos enfants, mais d'échanges. Parlons de notre journée, les vocations naissent souvent d'avoir entendu un adulte parler avec passion de son métier. Parler, échanger au quotidien joue sur la motivation des enfants et influe sur le fameux « il ne s'intéresse à rien ». Ces discussions auront un impact sur la notion de plaisir et de passion qu'il est important de mêler à l'apprentissage, comme nous l'avons vu.

➤ *Le faire parler de son avenir*

Même s'il est prématuré de demander à un enfant de 6 ans : « Qu'est-ce que tu veux faire plus tard ? », il est important de lui faire évoquer ses rêves de vie. Les enfants rêvent de grandir et se visualisent dans des professions qui évoluent avec le temps. Ces projets sont des moteurs, même si ce ne sont pas des objectifs. « Je veux être pilote, boulanger, archéologue, maîtresse, etc. Le rêve alimente la motivation et aide à faire le lien entre le quotidien, l'école et l'avenir.

Laissons rêver les enfants, encourageons-les à rêver, et même si leurs projets nous paraissent irréalistes, voire surréalistes, ne les brisons pas avec des : « Mais enfin, vétérinaire, tu n'y penses pas, tu es nul en mathématiques ! »

Les enfants qui réussissent à l'école ont cette faculté à se projeter dans l'avenir (à court, moyen ou long terme) et nous verrons ultérieurement comment nous pouvons y aider tous les enfants grâce à la « visualisation ».

Avant de savoir quel métier faire, un jeune doit d'abord apprendre à se connaître : qu'est-ce qui l'intéresse dans la vie ? Quelles sont les valeurs qui l'animent ? Quelles sont ses qualités ? Vous pouvez l'aider à mieux connaître ce qui l'anime dans la vie et aussi ce qu'il déteste, le guider vers ce qu'il veut devenir plus tard.

Exercice

L'aider à mieux se connaître

Voici un exercice que vous pouvez faire notamment avec un élève de 3e qui réfléchit à son orientation.

Le test des amis : « Imagine que tes meilleurs amis préparent un speech pour ton anniversaire-surprise. Ils sont assis dans un café et ils parlent de toi en termes élogieux. Que disent-ils ? Prends au moins 3 minutes pour imaginer cette conversation. »

Puis commentez avec lui.

➤ *Lui donner le goût de l'effort*

Le mot effort est souvent utilisé avec une connotation de souffrance. « Fais un effort », « Doit faire des efforts. » Autant d'injonctions qui n'ont souvent pour effet que de provoquer de la résistance. Souvenez-vous de l'histoire de l'âne. Plus on le pousse dans l'étable, plus il résiste. Il en va de même avec la pression que l'on fait peser sur l'élève. Plus la pression exercée est forte et plus sa résistance est grande ! L'opposition passive de certains enfants n'est que la conséquence de mécanismes de défense. Mais le mot effort peut être chargé de connotations positives, pourvu que l'on fasse la différence entre l'effort imposé et l'effort librement consenti. Faire un effort nous incite à mobiliser nos forces (physiques ou mentales), à nous dépasser. Et le plaisir lié au dépassement personnel est réel. Tous les enfants ont pu expérimenter un jour la gratification liée à l'effort : réussir brillamment un contrôle, arriver à force de persévérance au dernier « monde » d'un jeu vidéo, battre son propre record de vitesse d'une seconde, gagner un match au tennis.

Pour stimuler le goût de l'effort chez votre enfant, relevez chacun de ses succès résultant d'un effort. Rappelez-lui ses succès antérieurs, particulièrement ceux qui sont survenus après un effort particulier, ou après qu'il a surmonté une difficulté.

Nous évoquions au chapitre précédent le cas des enfants « intolérants » à la frustration. Ces enfants qui ont pris l'habitude de la satisfaction immédiate et qui refusent toute idée d'effort. Le plaisir est un critère important pour eux et il doit être pris en compte. Pour autant, il convient de leur faire accepter l'idée de frustration (sacrifier son plaisir immédiat) en leur faisant comprendre qu'un plaisir différé est un plaisir plus grand. Ces enfants ont tendance à remettre toujours à plus tard le moment des devoirs.

Voici l'exemple de Paul, 8 ans, en CE2, réfractaire aux devoirs.
« Alors, Paul, tu me dis que tu ne fais pas ton travail parce que tu préfères jouer ou regarder la télé, c'est bien cela ?
— Oui.
— Mais dis-moi, Paul, quand tu joues, es-tu sûr de jouer à 100 % ? Est-ce qu'il n'y aurait pas une petite partie de toi, ou une petite voix parasite qui te chuchote que tu n'as pas fait ton travail ?
— Euh ! Peut-être que oui, en tout cas il y a la voix de maman qui me crie dessus.
— Et ça, ça gâche un peu ton plaisir, non ?
— Oh ! oui,
— Imagine maintenant un instant que tu aies fait ton travail et qu'ensuite tu sois 100 % à t'amuser, qu'en dis-tu ? »

À la suite de cet entretien, et de ce recadrage (nouvelle manière de voir les choses), Paul n'est pas devenu un foudre de travail, mais il a négocié avec sa mère un temps de repos, suivi d'un temps de travail puis d'un temps de jeu.

Plutôt que de confronter Paul frontalement à l'idée d'un effort prolongé, il a été plus bénéfique d'opter pour une série de « petits effort » suivis de pauses. L'idée est d'installer une routine de travail quotidien, en faisant comprendre à l'élève que travailler un peu chaque jour, c'est travailler moins plus tard.

Pourquoi ne pas utiliser la paresse comme critère de motivation ?

Alexis, 12 ans, a d'excellents résultats au collège. En début d'année, le professeur de français demande aux élèves de rédiger leur autoportrait. Alexis fait son autocritique et avoue son plus gros défaut : la paresse. C'est un boute-en-train qui aime surtout les amis, le jeu, le farniente, et moins le travail. En toute logique, il a décidé (par lui-même) de travailler le plus efficacement possible, pour travailler le moins possible. Il est très attentif en cours et consacre rarement plus d'une heure quotidienne à ses devoirs.

Voilà une stratégie qui pourrait servir d'exemple à d'autres « paresseux » que vous recadrerez, le cas échéant, comme des « élèves en quête d'efficacité ».

Développer la motivation « interne »

Jusqu'à l'école, l'enfant travaille surtout pour faire plaisir à ses parents et à sa maîtresse, c'est ce qu'on appelle la motivation externe. Petit à petit, nous devons veiller à ce que l'élève comprenne qu'il ne travaille pas pour ses parents, mais pour lui, afin d'atteindre des objectifs personnels, c'est la motivation interne ou automotivation.

Brandir la carotte ou le bâton, en alternant les menaces et les récompenses peut donner des résultats, mais à terme la meilleure motivation est l'automotivation. Les résultats de l'enfant seront meilleurs s'il veut réussir « pour lui » que s'il doit réussir pour les autres. Il y a un plus grand mérite et un plus grand plaisir à réussir pour soi et par soi. Quand l'enfant prend l'habitude de goûter à ce type de satisfaction personnelle, il acquiert le goût du travail, lié au plaisir de la réussite.

La responsabilisation est la clé de l'automotivation et un facteur important d'estime de soi.

Encourageons nos enfants à prendre leurs responsabilités, à accepter les conséquences positives ou négatives de leurs comportements.

Prenons un exemple positif : votre enfant vous montre une bonne note. Il est évident qu'il mérite vos félicitations, et en même temps il importe qu'il en soit content pour lui. Une note n'a de sens que par rapport à son échelle personnelle. De plus en plus d'établissements scolaires demandent aux enfants à l'issue d'un exercice ou d'un contrôle de s'autoévaluer. Cette démarche est très intéressante, car elle a le mérite d'impliquer les enfants, et ils se trompent rarement dans leur autoappréciation. Voici ce que vous pouvez dire pour féliciter votre enfant et l'impliquer dans sa réussite : « Félicitations, *tu dois* être content », « *Tu dois* te sentir fier », « *Comment as-tu fait* pour réussir aussi bien ? »

Demander à l'enfant comment il est parvenu à un succès, est un bon moyen de l'impliquer dans le processus. S'il a réussi, ce n'est pas le hasard, ou la chance, c'est qu'il a mis en place un processus performant, qu'il a mobilisé des ressources, ressources qu'il pourra mobiliser à nouveau.

➤ *Repérer ses critères de motivation*

Les critères de motivation varient d'un élève à un autre, et ce qui motive l'un ne motivera pas nécessairement l'autre.

> Romain est très sportif et il a l'esprit de compétition. Pour lui c'est une forme de jeu, et dans le jeu, ce qui le motive, c'est le fait de gagner. L'esprit de compétition est toujours pour lui un excellent levier de motivation, y compris pour ses études au collège.
>
> Thomas, son frère est tout le contraire. Il ne raffole pas du sport, et n'aime pas du tout la compétition, qui serait plutôt pour lui facteur de stress. Ce qui le motive c'est d'améliorer ses propres résultats.

Pour développer la motivation de nos enfants, il convient donc de repérer ce qui les motive. Nous vous conseillons, pour cela, de les aider à se remémorer des situations (scolaires et autres) où ils ont été particulièrement motivés. Comment avaient-ils fait ? Quels étaient leurs critères ? Qu'est-ce qui était important pour eux à ce moment-là ? « Qu'est-ce que tu t'es dit ? », « Qu'as-tu ressenti ? », « Comment as-tu fait ? »

> Rémi est âgé de 14 ans, son expression est sérieuse, un peu timide, il est dans cet inconfort typique de l'adolescence, mais se réfugie dans le calme et un certain effacement plutôt que dans la rébellion. Il travaille beaucoup, mais n'a pas les résultats escomptés, il se démotive progressivement.

Il existe un lien net entre la démotivation apparente de beaucoup d'enfants ou de jeunes et un manque de confiance en soi, mais nous verrons cela plus en détail dans le chapitre suivant.

En discutant avec Rémi, nous apprenons qu'il est passionné d'athlétisme et particulièrement de saut en longueur. Nous lui posons des questions sur ce sport et l'écoutons en parler tout en approfondissant notre écoute. En effet, nous recherchons ses critères de motivation, ce qu'il aime particulièrement dans ce sport qu'il pratique en compétition.
« J'aime l'entraînement… j'ai un entraîneur qui m'apprend beaucoup de choses et m'aide à progresser. » Il aime être encadré et guidé.
« Comment t'aide-t-il ?
— Il m'aide à améliorer mes sauts, ma course. Mon problème, c'est que pendant la course, avant le saut je ne sais pas toujours le nombre de pas de course que je dois faire, c'est ce qui est difficile à évaluer. » Il aime analyser et approfondir pour améliorer ses performances.
« Ah, c'est ça qui est le plus difficile, je ne savais pas du tout, c'est intéressant et quand il n'est pas là en compétition, par exemple, comment est-ce que tu fais ?
— Justement, c'est là que c'est dur.
— Alors comment fais-tu ?
— J'observe la piste et je me dis que je dois faire au moins huit pas avant le saut.
— Et au moment du départ, comment te sens-tu ?
— Concentré, je veux me dépasser, faire mieux que la dernière fois. »

En écoutant Rémi, on comprend qu'il est plus motivé par le dépassement de soi que par la compétition avec les autres. Il ne voit pas les autres, n'en parle pas, en revanche, il apparaîtra dans la suite de notre entretien qu'il est très motivé par le résultat, la coupe, le classement. Mais son ressort à lui est le dépassement de soi. Quand on a compris cela, il est plus facile de parler son langage pour l'aider à se remotiver dans le cadre scolaire. Écouter parler ses enfants en écoutant non seulement le contenu mais aussi la manière dont ils parlent des choses permet de mieux comprendre ce qui les anime. Même si nous les connaissons bien, beaucoup de choses nous échappent.

➤ *Et avec l'adolescent ?*

Au moment de l'adolescence, les critères de motivation peuvent évoluer en même temps que de nouvelles valeurs émergent. À cet âge, la valeur « amitié » prédomine, parfois au détriment de la valeur travail ! L'amitié devient quelque chose de très important et cela peut générer un conflit interne de valeurs.

Pour l'adolescent, l'amitié et le travail sont parfois vécus comme deux désirs contradictoires, fondés sur certaines croyances du type « les bons élèves (« les intellos ») sont des « fayots », ils n'ont pas d'amis. Et il n'est pas rare d'observer un fléchissement des résultats lié à ce type de conviction. Le caïd ou le cancre ont souvent bonne presse auprès des élèves qui revendiquent un goût compréhensible pour la rébellion. D'ailleurs, les idoles auxquelles s'identifient les adolescents se vantent plus souvent d'avoir été des cancres que des premiers de la classe !

Un des moyens de revaloriser l'image du « bon élève » aux yeux de ces adolescents, consiste à trouver des contre-exemples à l'idée selon laquelle les bons élèves ne font pas de bons amis.

« Est-ce que tu ne connaîtrais pas un élève carrément bon, et carrément sympa ? »

On peut aussi faire des analogies avec le monde du sport, où la place de « gagnant » est valorisée, sans parler des Star Académie et autres, où il ne fait pas bon être le maillon faible ! Ou utiliser toute autre figure influente aux yeux de notre enfant incarnant l'idée que l'on peut réussir et être « cool ».

Aider votre enfant à se fixer les bons objectifs

Nous venons de voir les principaux ressorts de la motivation scolaire, et comment vous pouvez contribuer à instaurer un environnement « motivant ». Nous allons voir maintenant comment aider plus précisément vos enfants à se fixer des objectifs personnels mobilisateurs.

La réussite scolaire peut être l'objet d'un contrat passé entre vous et vos enfants. Passer un contrat présuppose que vous ayez défini ensemble un objectif à atteindre à plus ou moins long terme, que cet objectif soit clair, et qu'il se décompose éventuellement en sous-objectifs précis et accessibles.

Accompagner son enfant consiste à l'aider à passer de la situation présente à l'objectif que vous aurez défini ensemble, en établissant avec lui les étapes à franchir.

Situation présente Objectif à atteindre

A---X---X---X---X---X---B

Sous-objectifs

Quand on parle d'objectif, il peut s'agir d'un objectif à très court terme, comme d'avoir au minimum 12 sur 20 au prochain contrôle de mathématiques à venir, à court terme : la moyenne dans cette matière pour le prochain trimestre, à moyen terme, le passage dans la classe supérieure, à long terme, avoir le bac S. À très long terme, être pilote de ligne, par exemple.

Quel que soit l'objectif à atteindre, il y aura toujours des étapes intermédiaires à franchir pour y parvenir, des sous-objectifs qui répondent aux questions suivantes : de quoi as-tu besoin pour passer de A à B ? De la situation présente à ton objectif.

De quoi as-tu besoin pour avoir au moins 12 au prochain contrôle d'anglais ?

Comment peux-tu faire ? Par quoi commencer ? Qu'est-ce qui te manque ? Quelles sont les ressources, les moyens à mobiliser ?

Combien de fois avons-nous pris de bonnes résolutions que nous n'avons jamais mises à exécution ? « C'est décidé, à la rentrée, j'arrête de fumer. » « Après les fêtes, je perds dix kilos. »

Pour quelles raisons n'avons-nous pas atteint ces objectifs ? Tout simplement parce que ce n'était pas de bons objectifs. Un bon objectif doit répondre à un certain nombre de critères.

➤ *Les critères d'un bon objectif*

1. Un objectif positif

Notre cerveau ne sait pas conceptualiser une négation. Par exemple, si je vous demande de « ne pas penser à une tortue », à quoi pensez-vous ? À une tortue ! Pour ne pas penser à une tortue, il faudrait que je vous invite à penser à autre chose. Le cerveau ne comprend un ordre négatif qu'en le transcrivant en termes positifs.

De la même manière, quand on dit à un enfant « n'oublie pas tes clés », ou « attention de ne pas tomber », le cerveau enregistre « oublier », « tomber ». Mieux vaut l'inviter à « penser à ses clés » ou à « être prudent ».

De nombreux enfants en difficultés ou anxieux décrivent leurs objectifs en termes négatifs, par exemple : « Je ne veux pas redoubler. »

Il convient alors de leur faire exprimer l'objectif de manière positive, en leur demandant tout simplement : **« Que veux-tu ? »**

« Tu me dis que tu ne veux pas redoubler ta 6e, donc ce que tu veux c'est...

— Je veux passer en 5e.

— Voilà, ça, c'est un objectif positif. »

2. Un objectif sous son contrôle

« Je veux que la maîtresse m'aime », ou : « Je veux que Léa soit mon amie », ne sont pas de bons objectifs parce qu'ils ne dépendent pas de celui qui se les fixe. La réalisation de l'objectif est tributaire de la réaction d'une tierce personne.

Avec le même objet, un bon objectif serait : « Je veux tout faire pour être apprécié de la maîtresse. » Ce qu'il faut faire pour déclencher une réaction est bien cette fois de la responsabilité du sujet.

3. Un objectif précis

Plus un objectif est décrit de manière précise, plus grandes sont nos chances de l'atteindre. Plus notre cerveau se programme pour atteindre un but, mieux il sait repérer les opportunités qui favoriseront sa réalisation.

Un objectif précis répond aux questions : Quoi ? Qui ? Où ? Quand ? Combien de projets n'ont pas abouti parce que nous n'avons pas fixé de terme précis dans le temps ? « Il faudrait que je m'arrête de fumer bientôt » a peu de chances d'aboutir.

En revanche, demandez à quelqu'un qui a vraiment cessé de fumer depuis quand il a arrêté, et vous serez étonné d'obtenir des réponses aussi précises que : « Le 7 mars, jour de mon anniversaire », ou : « Le 1er janvier 2000. »

4. L'objectif derrière

Au Moyen Âge, trois ouvriers taillent des pierres.
« Que faites-vous ? demande un passant
— Je taille une pierre, répond le premier.
— Je gagne ma vie, répond le deuxième.
— Je bâtis une cathédrale », répond le dernier.
À votre avis quel ouvrier est le plus motivé ?

Un objectif mobilisateur est un objectif important pour soi. Vous pouvez vérifier si l'objectif de votre enfant est assez important pour être motivant en lui demandant : « En quoi est-ce important pour toi d'atteindre ce but ? », « Si tu atteins cet objectif, que t'apportera-t-il ? »

Alexandre a pour objectif d'obtenir une moyenne générale supérieure à 12 au dernier trimestre.
« Je veux avoir une moyenne générale supérieure à 12 au prochain trimestre.
— Et qu'est-ce que cela t'apportera ?
— Cela me permettra de passer dans la classe supérieure.
— Et en quoi est-ce important pour toi de passer dans la classe supérieure ?

— Je resterai avec mes meilleurs copains, je serai fier de moi, mes parents aussi.
— Et quoi encore ?
— Et j'aurai confiance en moi pour la suite. »

Ce dialogue met en évidence que derrière l'objectif du « 12 au prochain trimestre » se dessine une aspiration beaucoup plus profonde qui est la confiance en soi.

5. Le prix à payer de l'objectif

Parfois, certains objectifs sont difficiles à atteindre parce qu'ils entraînent des sacrifices que l'on n'est pas toujours prêt à faire. Si les sacrifices ou les inconvénients semblent plus grands que les avantages, l'objectif a peu de chances d'aboutir.

C'est ce qu'il est souhaitable de vérifier avec nos enfants :

« À quoi faudra-t-il renoncer pour atteindre ton objectif de 12 ?
— Je devrai moins bavarder avec les copains, être plus attentif en cours.
— Es-tu d'accord pour accepter ces changements ?
— Oui, je trouverai d'autres moments pour bavarder avec eux. »

6. Un objectif réaliste

Le meilleur moyen de ne pas atteindre un objectif, c'est de se fixer un objectif irréaliste.

Pour tester la faisabilité de l'objectif défini par votre enfant, demandez-lui d'évaluer sur une échelle de 0 à 10 ses chances d'y arriver.

Si 0 représente : « je n'ai aucune chance d'y arriver » et 10 : « j'ai toutes les chances d'y arriver », où te situes-tu ?

Un score inférieur à 8 indique que l'objectif n'est pas réaliste ou que votre enfant n'est pas assez motivé pour y parvenir.

Dans les deux cas, il convient alors de redéfinir l'objectif (peut-être un objectif plus petit, ou plus de temps accordé à sa réalisation).

➤ *Visualisation de l'objectif atteint*

La visualisation mentale désigne notre faculté à construire des images mentales et ses applications sont variées. (Nous verrons au chapitre 7 l'intérêt de la visualisation mentale dans l'apprentissage.)

Elle permet notamment de se projeter dans l'avenir et ainsi de renforcer nos objectifs. Se « faire un film » de nos scénarios futurs peut contribuer à les voir se réaliser. Bien souvent, on voit que les élèves qui réussissent à l'école ont la faculté de visualiser leurs objectifs scolaires personnels.

Un champion de tennis qui s'imagine en train de gagner un match à venir visualise l'image *construite* de son objectif atteint. Il programme dans son cerveau la scène idéale. Il peut aussi utiliser la visualisation mentale pour s'entraîner à l'exécution d'un mouvement. Grâce aux techniques d'imagerie cérébrale, les neurologues ont constaté que les mêmes zones cérébrales sont activées pendant la visualisation d'un mouvement ou pendant son exécution réelle.

Comment entraîner vos enfants à visualiser un objectif atteint ?

Reprenons l'objectif d'Alexandre : « Avoir une moyenne supérieure à 12, au prochain et dernier trimestre. »

— Invitez votre enfant à se détendre. Il peut garder les yeux ouverts ou fermés.

— Puis invitez-le à se « faire un film dans sa tête » de la situation désirée (l'objectif atteint) avec le maximum de détails.

— Accompagnez votre enfant dans la description du film dont il est à la fois le héros et le metteur en scène : « Je rentre à la maison avec mon livret… je suis content, je pense à mon livret dans mon cartable, je suis impatient de le montrer à mes parents, je me sens bien, fier, je marche vite. J'arrive à la maison et maman est là, je sors mon carnet, je lui montre et je regarde son visage sourire. Elle me dit bravo, elle me fait un énorme baiser et me dit qu'on va fêter ça ce soir avec papa… »

➤ *Plan d'action*

Une fois les critères de l'objectif validés, la dernière étape du « contrat » consiste à définir ensemble le plan d'action. Réfléchissez avec votre enfant aux questions suivantes :

« Comment vas-tu faire ? De quoi as-tu besoin ? Quelle est la première étape, le premier pas pour avancer ? Quelles ressources peux-tu mobiliser ? Que te manque-t-il ? » Et enfin : « Quand vas-tu commencer ? »

À ce stade, vous pouvez vous apercevoir que votre enfant n'a pas toutes les ressources nécessaires. Il peut manquer de confiance, ne pas avoir de bonnes stratégies d'apprentissage, manquer de méthode.

Rassurez-vous, nous verrons dans les deux prochains chapitres comment vous pouvez aider vos enfants à reprendre confiance en eux et à développer leurs capacités d'apprentissage.

CHAPITRE 6

Développez sa confiance en soi

Croire en sa capacité de réussir

Pour atteindre son objectif, votre enfant a besoin de croire qu'il en est capable.

Imaginons, par exemple, que votre enfant, quel que soit son âge, ait un exposé à préparer.

— Le résultat souhaité est l'exposé à présenter.

— La ligne de conduite est la façon dont votre enfant va établir la préparation qu'il doit faire pour y arriver : construction du plan, recherche de documents, estimation du temps nécessaire pour chaque étape. En y arrivant il va développer un sentiment d'efficacité en ses capacités de réalisations.

— La confiance en soi, quant à elle, est un sentiment plus global qui concerne sa propre valeur. Par exemple, un enfant peut être certain de sa compétence en français alors qu'il l'est moins en mathématiques. Cependant, le fait d'avoir un moindre sentiment d'efficacité en mathématiques ne le touche pas au niveau de sa valeur, de son identité. Il n'en déduit pas qu'il ne vaut rien. En revanche, un manque généralisé de ce sentiment d'efficacité finit par entraîner un manque de confiance en soi.

Le manque de confiance en soi est bien souvent à l'origine des difficultés scolaires. « Je ne vais pas y arriver », « Je suis nul », « Les autres sont meilleurs que moi », autant de croyances dévalorisantes ou négatives, résultats d'échecs ou de déceptions passés, qui paralysent les enfants où dans lesquelles certains se complaisent pour justifier leur inaction. « À quoi bon, puisque je suis nul », « À quoi bon, puisque la maîtresse ne m'aime pas. »

➤ *Votre enfant a peur de ne pas être à la hauteur ?*

Le sentiment dominant chez les enfants en manque de confiance est la peur. La peur de l'échec, la peur de ne pas être à la hauteur, la peur de ne pas être aimé, la peur de l'inconnu. Du coup, ces enfants ont tendance à éviter les situations nouvelles, les prises de risque, les difficultés. Or toute situation d'apprentissage est précisément une confrontation avec le « nouveau », l'inconnu. L'enfant qui doute de ses capacités réclame sans cesse l'aide d'un tiers et se montre très sensible aux marques d'approbation d'autrui. Bien sûr, tout cela se construit progressivement et un jeune enfant en CP, par exemple, aura besoin de plus d'accompagnement dans cette découverte qu'un enfant au collège. Malheureusement, nous recevons de plus en plus de parents inquiets dès le cycle 1 c'est-à-dire grande section, CP et CE1 à cause d'un soi-disant manque d'autonomie de leurs enfants. Il est utile de comprendre que vos enfants travaillent pour vous faire plaisir, d'abord en tout cas dans l'enfance et pendant le début de l'école primaire, ils apprennent à lire parce qu'ils voient que vous en êtes fiers et heureux. Ne vous privez pas de le leur montrer ! Les parents nous disent qu'ils cherchent à donner très tôt à leurs enfants le désir de travailler pour eux-mêmes, d'avoir des bonnes notes pour eux-mêmes, or nous avons vu au chapitre précédent que chez les petits, la motivation externe prime, ce n'est que dans un deuxième temps, à la fin du primaire, que le désir tourné vers soi, ou motivation interne, se met en place, à condition d'avoir progressivement permis à votre enfant de vous lâcher la main. Mais jusqu'au collège, et *a fortiori* quand ils sont très jeunes, les enfants travaillent essentiellement pour vous, pour la maîtresse, pas pour eux. Ils ont donc besoin le plus souvent de voir la satisfaction que procure sur leur entourage les progrès qu'ils font.

Les parents s'inquiètent souvent lorsqu'ils constatent un manque de motivation chez leur enfant. Mais cela masque souvent un long travail silencieux de perte de confiance en soi. La motivation est naturelle chez un enfant, comme nous l'avons vu au chapitre précédent. Si cette motivation est altérée et n'est pas réactivée par la mise en place d'objectifs suffisamment réalistes, alors on peut soupçonner un manque de confiance en soi qui peut aboutir à un désintérêt, voire à une attitude franchement rebelle vis-à-vis de l'école.

> Corentin est un jeune garçon de 13 ans en difficulté scolaire, il redouble, et vient de changer de collège. La situation était devenue trop difficile dans le collège précédent tant avec ses pairs qu'avec ses enseignants. Corentin est peu motivé par l'entretien, il vient à contrecœur, poussé par ses parents inquiets. Affalé sur le fauteuil, il laisse ses parents parler lors de la première consultation, ravi qu'on ne lui demande pas de participer. Il affiche une moue un peu ennuyée et désabusée typique de beaucoup d'adolescents, mais qui constitue toujours un défi pour l'intervenant appelé à la rescousse par les parents ! Ce premier entretien se déroule donc avec Corentin mais sans sa participation, puisque nous n'allons pas « pousser dans l'étable l'âne qui ne veut pas y entrer ». Nous décidons donc de faire mine de l'ignorer, tout en sachant pertinemment qu'il ne perd pas une miette de l'entretien. Nous écoutons

l'histoire de la lente et progressive démotivation de Corentin. Assez classique, c'est un enfant qui a bien réussi jusqu'en CM2. À partir de là les difficultés commencent car les aptitudes naturelles plutôt bonnes de Corentin ne suffisent plus. Corentin va devoir se mettre à travailler pour obtenir des résultats, ce qu'il n'avait pas vraiment fait avant puisque ayant une bonne capacité de mémorisation, il lui suffisait d'écouter en classe pour réussir. Rétablir sa confiance en lui, lui montrer progressivement dans quelles matières il était bon, dans quelles matières il l'était moins, puis un travail de motivation et enfin d'organisation et d'apprentissage de meilleures façons d'apprendre ont été les étapes du travail fait avec lui.

Cette étape classique du passage difficile des petites classes aux classes moyennes illustre bien la perte de motivation qui provient de la perte du sentiment de confiance en soi par perte progressive du manque de confiance en ses capacités de réussir.

Jusque-là Corentin se sent sûr de son efficacité dans le domaine scolaire, il se sait capable et ses résultats le prouvent. Puis, dans les classes qui requièrent un peu plus de travail, d'approfondissement, de recherche personnelle, tout naturellement Corentin se fie à ce qu'il sait faire, mais cela ne marche plus, cela ne suffit plus. Et il a besoin qu'on l'aide à s'adapter à la nouvelle situation. Souvent les parents méconnaissent ce passage, ils présument que leur enfant est doué, il l'est souvent, et surtout qu'il est autonome dans son travail, ce qui sous-entend qu'il sait travailler. Or c'est souvent là que le bât blesse. Non seulement les enfants ne s'attendent pas à ce tournant et se retrouvent souvent en perte de repère et d'estime d'eux-mêmes, mais en plus ils ne savent pas s'organiser, ni apprendre correctement, ils manquent de savoir-faire Or ces savoir-faire s'acquièrent, c'est ce que l'on appelle la méthodologie et les stratégies d'apprentissage. La méthodologie s'enseigne aujourd'hui à l'école dans certaines classes, mais rien ne vous empêche d'y revenir à la maison ou, comme nous le disions plus haut, de progressivement les accompagner, et de leur lâcher une main, puis l'autre en s'adaptant à eux de la même façon que vous leur avez appris à marcher, à nager, à faire du vélo.

Apprendre à apprendre est souvent ce qui manque aux enfants.

Le sentiment d'efficacité personnelle est un sentiment qui se construit progressivement. Ce sentiment se construit sur les succès obtenus tandis que les échecs ont tendance à le miner. Il se construit aussi à partir du soutien de l'entourage. Quelquefois les enfants montrent une attitude plutôt rebelle ou en apparence insouciante, mais qui peut cacher des angoisses sévères se traduisant par une incapacité à se concentrer, à poser une question en classe, à parler même de sa peur.

Dédramatiser les erreurs

Quand un enfant anxieux a peur de se tromper, peur de l'échec, chaque erreur ou mauvais résultat est vécu comme un échec personnel qui entame son capital confiance en soi. L'erreur vécue comme une faute vient renforcer toute une litanie de croyances négatives : « Je me suis encore trompé, décidément, je ne suis pas capable, je n'y arriverai jamais… »

La première étape consiste à leur faire comprendre que l'erreur est utile parce qu'elle est une étape indispensable sur le chemin de la progression, donc de la réussite. Non seulement l'erreur n'est pas une faute, mais elle fait partie du processus d'apprentissage.

Dès les premiers mois, le bébé apprend par des séries d'essais/erreurs qui lui permettent de développer sa pensée, son raisonnement, et de progresser. Par exemple, le bébé ne saura emboîter des cubes qu'après avoir testé des cubes qui ne s'emboîtent pas. Donc, sans essai/erreur, pas de raisonnement et pas d'apprentissage.

Racontez à vos enfants l'histoire de Thomas Edison, célèbre inventeur de l'ampoule électrique, qui doit son succès autant à sa persévérance qu'à son génie. Malgré le nombre incroyable de ses échecs, après avoir fait sauter plusieurs fois son laboratoire, et échoué dix mille fois à fabriquer une ampoule, il affirmait : « Je n'ai pas échoué, j'ai trouvé dix mille manières de ne pas faire une ampoule, et grâce à tous ces essais, mon prochain succès ne fait pas de doute. »

Si votre enfant est féru de jeux vidéo, il sait très bien, après avoir « perdu une vie », comment tirer parti de ses erreurs pour aller plus loin lors de la partie suivante. Il ne peut y avoir de progression, d'évolution sans erreur, dans quelque domaine que ce soit. L'enfant pense souvent que les adultes sont infaillibles, qui plus est les parents et les enseignants. Voici une anecdote que nous racontons souvent aux enfants trop intimidés, et inhibés par leur professeur :

Un écrivain célèbre était invité à un dîner, et le hasard voulut que le fils de la maison eût comme devoir, pour le lendemain, une explication de texte, un extrait d'un livre de l'écrivain en question. Vous imaginez la suite. L'écrivain se prend au jeu et rédige l'explication de son propre texte. Une semaine plus tard, il demande au jeune garçon si on lui a rendu la copie. Oui, nous avons eu droit à un 4/20, et à un « vous n'avez pas du tout saisi la pensée de l'auteur » !

Cette petite anecdote n'est pas faite pour dénigrer, cela va de soi, le talent des professeurs, mais seulement pour les « humaniser » aux yeux des enfants. *Errare humanum est.*

Donner l'image d'un parent faillible, qui reconnaît ses erreurs, permet également à l'enfant de mieux accepter les siennes. Cela permet de désamorcer l'attitude souvent perfectionniste de l'enfant anxieux qui pense : « Je dois être parfait, sinon cela signifie que je suis nul. » Ce qui explique pourquoi il se décourage ou capitule à la première difficulté.

L'humour (qui est une forme de recadrage) peut être aussi un bon outil de dédramatisation, pourvu qu'il soit manié avec précaution car il faut déjà une bonne dose de confiance en soi pour se moquer de soi, ou rire de ses erreurs. Les enfants, surtout les plus jeunes, n'ont pas toujours cette faculté de recul, ils peuvent prendre nos boutades au pied de la lettre, et se montrer très susceptibles. Vous connaissez vos enfants mieux que personne et saurez juger de l'opportunité d'en rire ou non.

➤ *Apprendre grâce aux erreurs*

Un bon entraîneur sportif est un entraîneur qui tout en attendant beaucoup de ses joueurs ne les confronte pas prématurément à des situations difficiles. Un bon entraîneur soutient ses joueurs même et surtout dans des situations difficiles et leur enseigne comment ne pas se laisser abattre en cas d'échec. En effet, cette capacité à réagir aux échecs n'est pas toujours innée. L'important n'est pas la difficulté en elle-même, mais la manière dont elle est interprétée et ce que l'on en apprend. Que puis-je apprendre d'une mauvaise note en dictée ? Peut-être n'ai-je pas assez révisé mes leçons et je vais donc devoir travailler plus pour avoir une meilleure note ? Je peux aussi apprendre que j'ai un problème récurrent avec les conjugaisons du verbe avoir et la solution est donc de travailler particulièrement cette conjugaison. Je peux aussi apprendre que je travaille beaucoup, mais sans avoir les résultats escomptés, il me faudra peut-être apprendre une nouvelle manière d'apprendre ou de travailler. Une mauvaise note en dictée est l'occasion de faire le point sur ce qu'il y a à améliorer. Ce travail d'analyse de « l'erreur » est la première étape de construction du sentiment d'efficacité personnelle. Pas de jugement de valeur dans cette analyse, juste un examen objectif des faits. Les parents ont bien du mal à passer cette étape indispensable à la façon d'un bon entraîneur, en privilégiant optimisme, croyance en la capacité de réussite de chaque enfant, analyse des facteurs, points forts, points faibles qui ont abouti au résultat de la note en dictée. Souvent nous projetons sur eux nos inquiétudes voire nos angoisses ou nos ambitions déçues.

Si votre enfant se dévalorise, c'est qu'il fait souvent la confusion entre l'être et le faire, entre son identité et ses capacités ou son comportement : « J'ai eu zéro donc je suis nul. » Il a besoin d'être rassuré sur sa valeur. L'estime de soi est « la certitude intime de notre valeur en tant qu'être humain, indépendamment de nos réalisations[1]. »

L'enfant doit être convaincu que sa valeur est indépendante de ses résultats, de ses comportements. Ce n'est pas parce qu'il aura des bons résultats que vous l'aimerez davantage et inversement. Parce que votre amour est inconditionnel. Cet amour inconditionnel est à la base de la confiance en soi, l'élément affectif, le liant indispensable sans lequel tout devient beaucoup plus difficile. Cet amour est porteur pour l'enfant, il est probablement un des facteurs de l'optimisme d'une personne, de sa capacité à croire en elle et en ses capacités.

L'enfant anxieux est particulièrement sensible à l'image que les autres ont de lui et à toute critique, et bien sûr *a fortiori* celle de ses parents.

---

1. Virginia Satir, Alla Destandau-Denisov, *Thérapie du couple et de la famille*, Desclée de Brouwer, 2003.

➤ *Faire des critiques constructives*

Imaginons que votre enfant vous rapporte une mauvaise note en dissertation. L'accabler d'un « ta dissertation est très mauvaise » ou pire d'un « tu es vraiment nul en français » le culpabilisera sans rien lui apporter. Toute critique sous forme de jugement déstabilise, et entame la confiance en soi. En revanche, lui dire par exemple : « Je trouve que les idées sont intéressantes, mais pas correctement exprimées » est une critique plus constructive !

Nous vous suggérons là aussi d'utiliser le « je » et l'implication personnelle plutôt que le « tu ». Plus la critique sera concrète, précise, moins elle sera entachée de jugement et plus elle sera constructive. Vous remarquerez aussi que dans la formulation, on commence par les aspects positifs : « les idées sont intéressantes ». Quant au « mais pas correctement exprimées », cela devra être argumenté, exemples à l'appui afin d'aider l'enfant à comprendre ses erreurs[2], à les positiver pour améliorer sa prochaine dissertation. De même, prenez le temps de détailler les points positifs.

Habituer votre enfant à entendre des critiques constructives est un moyen de lui apprendre également à mieux faire son autocritique. Car l'enfant qui se dévalorise dramatise les faits et retient surtout les mauvais résultats. Son jugement sur lui-même n'est pas objectif. C'est en l'aidant à évaluer concrètement ses compétences et ses points faibles, faits précis à l'appui, qu'il apprendra à acquérir une attitude plus objective. À ce titre, l'autoévaluation est un excellent outil. Pour apprendre à ne plus se situer par rapport aux autres mais par rapport à soi-même.

---

2. *Ibid.*

Dans certaines écoles, dès la grande section et le CP, les enfants sont invités à remplir une feuille d'évaluation sur leurs compétences à ce stade : ranger ses affaires, respecter les consignes, respecter les règles de la cour de récréation, lever la main avant de parler, etc. Les enfants remplissent leur propre colonne en face de l'item en vert (acquis), orange (en cours d'acquisition) ou en rouge (non acquis), la maîtresse remplit de son côté sa colonne. Les résultats ne sont pas toujours identiques et les enfants sont souvent plus sévères que la maîtresse ! Comme les parents signent cette évaluation, c'est un très bon moment d'échange et de discussion, voire d'apprentissage de l'utilisation de la case orange (en cours d'acquisition) que justement les enfants ont du mal à se représenter.

Reprenons l'exemple de la dissertation ratée : avant même de donner votre avis et de formuler une critique positive, pourquoi ne pas demander à l'enfant d'évaluer son propre travail ?

« Et toi, compte tenu de la consigne, que penses-tu de ton travail ? »

Vous l'invitez ainsi à réfléchir et à s'impliquer. Vous pouvez ensuite l'interroger sur le « comment faire pour que ça marche la prochaine fois ? ». « Que pourrais-tu améliorer pour la prochaine fois ? » « Comment peux-tu faire ? » « De quoi as-tu besoin ? »

Le but du parent aidant ne consiste pas à proposer « des » solutions mais à inciter l'enfant à trouver « ses » solutions.

Un enfant confiant est un enfant actif

À l'école, les enfants sont le plus souvent dans une attitude passive. Ils passent plus de temps à copier sous la dictée qu'à réfléchir par eux-mêmes. Or l'apprentissage ne se résume pas à la transmission du savoir de l'adulte. « Je suis celui qui sait, voilà comment tu dois faire. »

N'hésitez pas à impliquer votre enfant en lui demandant « comment fais-tu ? », ce qui, sans inverser l'ordre hiérarchique nécessaire à la construction d'un cadre sécurisant pour lui, le positionne en acteur et progressivement en expert de son travail. De plus, cette démarche rend l'enfant responsable de sa réussite en le rendant conscient des processus qu'il a mis en place pour réussir. Cette prise de conscience augmente progressivement son sentiment d'efficacité personnelle.

D'une manière générale, tout questionnement stimule les capacités de réflexion et de raisonnement des enfants. Nous savons que le cerveau est plus réceptif aux questions qu'aux réponses. Ce sont les questions qui éveillent notre curiosité et contribuent à nous installer dans une attitude mentale d'attention. Inscrire votre enfant dans la dynamique du « comment », l'aidera à devenir acteur et à ne plus subir la situation.

L'enfant en difficulté est dans une attitude passive. Quand viennent les premiers signes de « réaction », on parle d'attitude « réactive ». Quand l'enfant s'installe dans une dynamique de succès, il devient « proactif », c'est-à-dire qu'il prend de lui-même les initiatives.

De la pertinence de la critique et de l'autocritique dépend en grande partie l'amélioration des performances scolaires. Et il est de votre responsabilité d'y prendre garde d'autant que les professeurs n'ont pas tous pour habitude de faire des critiques constructives.

➤ *De l'amour inconditionnel au compliment conditionnel*

« Ta dissertation est géniale », « Tu es génial », c'est souvent ce que vous êtes tenté de dire à votre enfant si vous avez le sentiment qu'il a peu confiance en lui. Vous pouvez basculer dans la survalorisation en criant au génie à chacune de ses prestations. Si l'intention est positive, elle est risquée, car l'enfant survalorisé pressent parfaitement que le compliment est disproportionné, voire usurpé. Et cela peut être facteur d'angoisse dans la mesure où il sait pertinemment qu'il ne pourra jamais égaler une image idéalisée.

Si, comme nous l'avons dit précédemment, l'amour est inconditionnel, en revanche, le compliment doit être conditionnel. C'est-à-dire qu'il doit porter sur un élément précis. « Ta dissertation est très vivante, notamment le passage… » permet à l'enfant de pointer ses ressources, ses points forts. Une survalorisation excessive et inconditionnelle permanente peut même aboutir à un sentiment dépressif dès l'école primaire[3]. En effet, dès que l'enfant est confronté aux autres adultes et aux enfants, il met en jeu sa confiance en lui et la confronte à la réalité et à la comparaison. C'est à cette époque que commence à se construire son sentiment d'efficacité personnelle en lien avec les réussites et les difficultés. Si un enfant est survalorisé inconditionnellement, la chute est brutale, et à cet âge l'enfant est vulnérable, il n'a pas pu encore se construire tout seul cette croyance en sa capacité de réussite. De cette construction progressive de son sentiment d'efficacité personnelle dépend aussi l'installation de sa motivation externe. D'où l'intérêt de prendre l'habitude de distinguer amour inconditionnel et compliments conditionnels. « Bravo, comment as-tu fait pour construire cette tour ? » « Combien de fois est-elle tombée ? » « Et tu as recommencé ? Bien, tu es patient. » « Ah oui, tu mets les grands cubes dessous ? » « Ah, comme ça, et n'importe comment, ah non… il faut

---

3. Martin E. P. Seligman, *The Optimistic Child*, Harper Collins, 1996.

qu'ils soient bien les uns sur les autres, autrement ils glissent… Ah, oui, tu as raison… et les petits en dernier, etc. » Bien sûr cette attitude ne doit pas être systématique, elle risque de devenir fatigante et surtout mécanique, mais choisissez une réussite qui vous épate vraiment et analysez-la de la même façon que plus tard vous aiderez votre enfant à analyser ses difficultés scolaires.

Valoriser les réussites

Vos paroles encourageantes contribueront à renforcer la confiance en soi de vos enfants, mais seule la réalité pourra la sceller. Si votre enfant pense qu'il est nul en mathématiques, vos paroles sont importantes, mais tant qu'il n'aura pas expérimenté un succès dans cette matière, il doutera encore de ses capacités. Les croyances négatives s'installent à force de mauvais résultats et elles se défont à force de résultats meilleurs. C'est pourquoi vous devez être à l'affût de chaque réussite de votre enfant, de chaque progression, même la plus minime.

Donner à son enfant des occasions de réussir, c'est, comme nous l'avons vu au chapitre 5, l'aider à se fixer des objectifs mesurés et accessibles en renonçant aux ambitions impossibles, comme de vouloir s'attaquer de front à une matière délicate. Au moment où il grimpe, l'alpiniste ne regarde pas le sommet de la montagne, mais se concentre sur le prochain pas à effectuer. En encourageant chaque progression de votre enfant, vous décidez de ne pas vous focaliser sur les mauvais résultats, mais de pointer toute progression. Si votre enfant passe du 3/20 au 6/20, en le félicitant pour avoir doublé sa note, vous évaluez comme il se doit sa performance au regard de ses propres résultats.

À chaque fois que vous constatez une progression, l'important, nous insistons, est de le questionner sur le processus mis en place. *« Félicitations, comment as-tu fait ? », « Qu'as-tu mis en place ? », « Comment t'es-tu senti quand tu as fait ce travail, dans quelle disposition d'esprit étais-tu ? »* Par ses réponses, vous apprendrez peut-être qu'il a travaillé avec des amis, qu'il a mieux réparti son travail de révision, ou qu'il a changé ses habitudes en travaillant le samedi matin plutôt que le dimanche. En d'autres termes, ce n'est pas vous, parents, qui lui direz de travailler le samedi matin, mais vous apprendrez de lui qu'il travaille mieux le samedi matin par exemple. Vous connaîtrez mieux le contexte nécessaire à une amélioration pour lui. Vous apprendrez qu'il a plus confiance en lui depuis qu'il a de meilleures notes, qu'il intervient plus en classe et que les professeurs le remarquent et l'ont annoté sur le carnet trimestriel.

Les parents de Rémy sont inquiets, ils viennent de la part de l'orthophoniste qui suit Rémy, mais qui estime qu'en plus de ce travail spécifique, il pourrait être utile de retravailler sur des questions d'objectifs, de motivation et de confiance en soi. Rémy est méfiant, déjà souvent amené chez le psy, il pense que cette consultation ne va rien apporter de plus. Le cadre est fixé et l'a été au préalable par l'orthophoniste, il s'agit de coaching ou accompagnement scolaire et non pas de thérapie.

Pour les jeunes adolescents, ce terme est parfois mieux accepté de par sa connotation sportive et surtout non pathologique. Il s'agit de l'aider à mieux se mobiliser pour atteindre ses objectifs.

Nous proposons à Rémy trois séances au-delà desquelles si aucun changement ne se produit, il ne viendra plus. Si quelque chose s'améliore et que cela suffit, on s'arrêtera à trois séances. S'il veut améliorer un autre point précis, c'est-à-dire choisir un autre objectif, il le fera de son plein gré. On mettra alors en place une autre série d'entretiens, de trois à cinq séances. Malgré toutes ces précautions, Rémy reste méfiant, réticent, et laisse ses parents parler, raconter son histoire. Rémy a changé de collège, il est dans un collège de meilleur niveau maintenant et il n'a pas tout à fait les bases dans certaines matières. Sa confiance en lui s'étiole progressivement, et a tendance à s'effondrer comme un château de cartes. Un résultat en dessous de la moyenne, puis deux ou trois et c'est l'effondrement. Inquiétude des parents, inquiétude de l'enfant, découragement, démobilisation. Les parents de Rémy sont exigeants, ils veulent que leur enfant réussisse. Ce qu'ils ne voient pas très bien, ce sont les étapes, et nous avons bien du mal à leur faire comprendre que si Rémy a des lacunes, il faudra qu'il prenne le temps de les combler, tout ne va pas se régler en trois séances de remotivation. Nous travaillons beaucoup avec les parents, pour les aider à intégrer l'idée du processus, du temps nécessaire à l'amélioration, surtout partant de notes assez mauvaises comme dans le cas de Rémy. Trois séances ont été nécessaires pour sceller la confiance entre les parents et nous d'une part, Rémy et nous d'autre part. Tout a failli s'arrêter à la fin de la première séance, parce que Rémy n'avait pas bien compris l'objectif. Il pensait avoir à faire un travail psychologique et avait l'impression qu'on le prenait pour un incapable ou un malade. La deuxième séance a donc surtout consisté à expliquer à Rémy et à son père le principe même du processus d'apprentissage, des méthodes que l'on peut utiliser pour mieux gérer son stress par exemple et pour mieux apprendre. Lors de la troisième séance, nous avons travaillé exclusivement sur des stratégies de mémorisation (nous les verrons au chapitre 7). L'objectif étant d'aider Rémy à apprendre plus vite et mieux. Tout l'entretien est indirectement « truffé » de messages destinés à augmenter sa confiance en lui en lui faisant prendre conscience des processus qu'il sait déjà mettre en place dans certains domaines scolaires ou extrascolaires, en sport par exemple. En lui faisant comprendre aussi que ces méthodes s'acquièrent, qu'elles ne sont pas innées. Nous lui avons proposé une quatrième séance pour faire le point sur le bulletin scolaire, récemment arrivé, et fraîchement accueilli par les parents. Et pourtant à la lecture de ce bulletin, les progrès sont évidents et soulignés par les enseignants. Rémy est heureux, son père ne l'est pas et Rémy est au bord des larmes. Il faut patiemment expliquer au papa que particulièrement dans les domaines où Rémy a des lacunes, le moindre progrès est à souligner et à encourager. Il est passé de 4/20 à 8,5, le progrès est notable. Nous sommes au premier trimestre, ce qui veut dire que des choses se sont mises en place et surtout que Rémy a su comment s'y prendre pour progresser, a repris confiance. Nous profitons de ce progrès pour demander à Rémy comment il s'y est pris

« Comment as-tu fait pour progresser dans cette matière ?

— J'ai mieux écouté, j'ai révisé quinze minutes par jour les leçons de l'année dernière pour rattraper. »

Cela faisait partie du contrat que nous avions mis en place lors de la troisième séance.

« J'ai décidé de travailler tous les jours au lieu de réviser seulement les veilles de devoirs sur table.

— Ah, c'est bien, comment as-tu eu cette idée ?

— Je ne sais pas, mon copain fait ça et je me suis dit que c'était une bonne idée.

— Est-ce qu'il y a d'autres points que tu voudrais améliorer ?

— Oui, j'aimerais participer plus à l'oral, et puis j'ai un exposé à faire et cela me fait peur.

— Cela me paraît un objectif bien exprimé, si tes parents sont d'accord, nous pouvons faire deux ou trois séances sur ce thème. »

Nous avons effectivement utilisé avec Rémy des techniques de réduction du stress que nous verrons en détail au chapitre 7.

On voit bien dans cet exemple comment Rémy a progressivement repris confiance dans ses capacités à progresser, à travailler et à s'organiser. Les séances espacées de quinze jours lui ont laissé le temps de réfléchir à de nouveaux processus et de les tester dans la réalité. Il ne restait plus qu'à féliciter les parents de vouloir aider leur enfant, et d'avoir eux aussi su mettre en place ce qu'il fallait, tout en apprenant à respecter le rythme de progression de leur fils.

➤ *Aider votre enfant à progresser avec les échelles de progression*

Dans certains cas, il peut être utile, et cela même avec les très jeunes enfants, de proposer des échelles de progression, c'est-à-dire de dessiner une échelle numérotée de 0 à 10 sur un tableau, ou sur une simple feuille de papier, 0 représentant le pire moment, 10 le meilleur. Vous pouvez inventer toutes les échelles que vous voulez, en fonction de ce que vous voulez améliorer avec votre enfant.

Nous demandons à Rémy que représente le niveau 5 pour lui. Le niveau 5 représente souvent pour les enfants de cet âge : *« J'ai la moyenne, j'ai répondu en classe, j'ai posé une question. J'ai travaillé dix minutes par jour. »*

En général, quinze jours après, ils se précipitent sur le paper board qui se trouve dans le cabinet pour retrouver leur échelle et s'y situer. Quelquefois, ils sont à 5, quelquefois à plus, et nous leur demandons comment ils ont fait, comment les parents, les professeurs ont réagi, éventuellement aussi comment leurs amis ont réagi.

Ces échelles sont, bien entendu, totalement **subjectives**, ne se comparent à aucun test en psychologie ni d'évaluation. Elles permettent à l'enfant de visualiser un progrès, un processus, et aussi le moment où l'enfant n'aura plus besoin de venir. C'est-à-dire qu'il est présupposé que l'enfant va intégrer des processus et des moyens de progresser qui ne

Les échelles

On demande à l'enfant de dire où il se situe sur l'échelle dans son niveau dans une matière précise, en espagnol par exemple. Il ne s'agit pas de mettre sa dernière note, mais d'une évaluation subjective qu'il se donne. Puis, on lui demande de noter dans une autre couleur où il voudrait se situer quand il n'aura plus de problème, plus de raison de venir en séance. Il pose un 8 en général. S'il était à 3 aujourd'hui, nous lui demandons alors où il pourrait se situer dans deux semaines, il met le plus souvent 5. Vous pouvez, par exemple, lui poser la question suivante : « Comment peux-tu faire pour passer de 3 à 5, ce qui représente un gros progrès ? » Les enfants adorent ce genre d'échelle, ils y réfléchissent très sérieusement et comprennent très bien qu'il ne s'agit pas de note, mais de niveau, incluant participation à l'oral, révision des leçons, devoirs sur table et confiance en eux dans cette matière. Le niveau peut aussi inclure la réaction des parents ou du professeur. Vous pouvez lui demander par exemple : « Quand tu seras à 5, comment réagiront tes parents ? et ton professeur ? »

dépendront que de lui. Si indirectement vous postulez qu'il y aura un moment où il atteindra le point désiré, vous induisez qu'il y parviendra et que les séances de coaching n'auront plus lieu d'être.

Marika, 9 ans, est une petite fille vive, nerveuse, angoissée, mais pas timide.

Avec elle plusieurs thèmes ont été abordés, les progrès en classe, les capacités à se faire des amies, les relations familiales, et nous avons fait une échelle par thème. Il y avait dans son cas, sur une feuille, 6 échelles, réévaluées chaque quinzaine. Une échelle pour se faire des amis, une échelle de progression scolaire dans une matière, une échelle d'amélioration dans ses relations familiales, une avec sa mère, une avec son père et une avec son frère. Chaque échelle avait sa propre couleur et son rythme de progression en fonction des semaines. Une dizaine de séances ont été nécessaires.

Il ne faut pas perdre de vue que se faire des amis, par exemple, n'est pas éloigné de l'amélioration scolaire, car avoir des amis donne confiance en soi, par exemple pour aller à l'école, participer à l'oral, être heureux à l'école tout simplement.

Il est tout à fait possible de faire ces échelles chez soi, il suffit de disposer de papier et de gros feutres, l'utilisation de la couleur rend l'exercice plus ludique et allège l'idée d'effort.

➤ *Valoriser les comportements positifs : l'approche « solutionniste »*

Quand nous recevons les parents qui énumèrent les difficultés et les défauts de leurs enfants, tous sont surpris de nous entendre leur demander de nous parler de leurs qualités et des moments où cela se passe bien, à la maison comme à l'école.

Auparavant, nous avons, bien sûr, veillé à les écouter, à comprendre la famille particulière et unique qu'ils constituent. Mais notre objectif est aussi de sortir du cadre « problème » pour nous placer d'un point de vue « solutionniste ».

Pour vous aider à comprendre ce que nous faisons quand nous adoptons cette attitude, nous vous proposons un tableau comparant une approche traditionnelle d'un problème et une approche dite solutionniste.

Questions pour la compréhension du problème (Quel est le problème ? Qu'est-ce qui aggrave le problème ?)	**Questions « solutionnistes »** (Quand les choses vont-elles mieux pour l'enfant ?)
Décrivez-moi ce que fait l'enfant, le problème. Pourquoi ce problème existe-t-il ? A-t-il des difficultés de concentration ? Que pense l'enfant de ses difficultés ? Est-ce que l'enfant a d'autres problèmes ? D'où pensez-vous que viennent ses problèmes ? Quelles mesures allez-vous prendre ?	Quand les choses se passent-elles bien ? Avez-vous remarqué ce qui améliore les choses ? Concrètement, que fait-il pour que cela aille mieux ? Comment fait-il exactement pour améliorer cela ? Est-ce que son entourage réagit différemment quand cela va mieux, la maîtresse, ses copains, vous les parents ? Comment réagit l'enfant à ces remarques ? Comment réagissez-vous, parents, quand c'est mieux ? Quelles sont les idées de l'enfant pour améliorer les choses ?

Ces questions ne sont pas exhaustives, nous vous donnons en bibliographie plusieurs références d'ouvrages d'inspiration solutionniste dans lesquels vous pourrez trouver d'autres exemples de questionnaires. Il est essentiel de comprendre que lorsque l'on pose ce genre de questions positives, l'accent est mis sur les compétences, les améliorations et les ressources de l'élève, cela ne veut pas dire que le problème n'existe pas, cela veut dire que l'on met délibérément l'accent sur cet aspect des choses. Tout enfant se sent immédiatement mieux et plus confiant dans ses capacités d'amélioration s'il sent un climat de confiance autour de lui. Cela permet de le réinstaller dans un enchaînement positif, confiance, motivation, travail.

Il ne s'agit pas de pensée positive systématique et encore moins d'angélisme, mais d'une recherche de solutions en fonction de la situation. Il ne s'agit pas de dire « tout va bien » si beaucoup de choses vont mal, mais justement de dire « beaucoup de choses vont mal » et non « tout va mal ».

➤ *Du cercle vicieux au cercle vertueux*

Plusieurs écoles de thérapie familiale sont orientées vers l'idée du système, c'est-à-dire l'idée que tout problème est entretenu par un cercle vicieux qui se répète indéfiniment. Leur principe est que bien souvent « la solution maintient le problème ». C'est ce que nous avons vu en évoquant la question de l'autonomie : « Il ne fait rien si je ne suis pas toujours derrière son dos. » L'approche consiste dans ce cas à rechercher des moyens de l'aider à devenir autonome sans être derrière son dos. Ce n'est pas facile, c'est un travail de recherche, de tâtonnement, d'avancée par essais et par erreurs. Certaines choses marchent, d'autres pas. Vous pouvez alors utiliser cette nouvelle façon de penser en recherchant systématiquement et tout de suite ce qui marche déjà et dont bien souvent vous n'avez pas conscience, parce que vous êtes inquiet et, par conséquent, focalisé sur le problème et sur ce qui ne marche pas. Il ne s'agit pas de chercher ce qui marche pour gommer ce qui ne marche pas, mais d'analyser ce qui est mis en place quand cela marche, quels sont les facteurs qui favorisent le progrès. Cette façon de penser ne nous est pas naturelle et nécessite un apprentissage.

Pratiquez-la tout simplement et, peu à peu, vous prendrez l'habitude de voir les choses différemment.

« Que faites-vous quand cela marche ? » C'est la question que vous, parents, pouvez vous poser concernant vos enfants. Quand font-ils le mieux leurs devoirs, à quelle heure ? Quand je suis là, pas là, si je dis quelque chose, si je ne dis rien ? Si je dis quelque chose, qu'est-ce que je dis qui marche ? Qu'est-ce qui change, mon ton de voix ? le moment ? le lieu ? Il n'y a pas une solution, mais autant de solutions que de familles !

Il n'y a que vous, parents, qui pouvez répondre à ces questions, nul expert extérieur, vous êtes le meilleur expert de vos enfants et l'expert de votre propre fonctionnement en ce qui concerne l'éducation de vos enfants. Rien ne vous empêche de demander de l'aide à un tiers bien sûr, mais ne vous reposez pas entièrement sur lui, reprenez votre place même s'il est parfois confortable de s'en remettre à quelqu'un d'autre.

> Souvenez-vous de Corentin et de sa situation difficile au collège. Dès le premier entretien, nous avons demandé aux parents ce qui marchait bien pour Corentin au collège ou en dehors du collège. Pour le collège même, il leur a été difficile d'évoquer des moments d'exception au problème. Faire preuve de nuance est difficile quand on est « orienté problème ». Ce n'est que vers la fin de la séance que nous apprenons que si les notes en histoire et en français sont au-dessous de 5, en revanche, en espagnol et en technologie Corentin est dans la moyenne inférieure.
>
> « En éducation physique, il est bon, mais ça ne compte pas beaucoup pour les professeurs. »
>
> Justement, c'est ce fil-là que nous allons tirer.
>
> « Il est bon en éducation physique ? En quoi ?
>
> — En général, il s'entend bien avec son professeur et c'est le professeur principal cette année.
>
> (De plus en plus intéressant.)

— Ah, c'est le professeur principal, et il s'entend bien avec lui.
— Oui, il est formidable, dit le père enfin souriant, il est attentif aux difficultés de Corentin, et l'encourage beaucoup. (Enfin un allié dans cet océan d'obstacles !)
— Lui avez-vous demandé un entretien, pour lui parler un peu de vos inquiétudes ?
— Non, pas encore ».
Nous les encourageons à le faire car il est indispensable, dans le cas de Corentin, de former un réseau positif autour de lui pour éviter qu'il ne se mette tous les professeurs à dos par son attitude arrogante et difficilement supportable. Nous décidons de creuser le sujet des sports et apprenons au cours de l'entretien que Corentin joue en compétition dans un club de roller. Il est très fort, il aime la compétition, et le fait de jouer en équipe. Voilà un domaine d'exception dans lequel Corentin est très bon, dans lequel il reconnaît avoir l'enthousiasme et la patience nécessaires à l'entraînement. Le fait même d'évoquer un point très positif change l'ambiance de la consultation. Les parents sont plus souriants, plus détendus, Corentin participe un peu, il est moins effondré dans le fauteuil, il ose interrompre son père pour donner des détails, c'est gagné, du moins pour ce premier entretien, il a participé, il est partie prenante de ce processus, et cela a été possible parce qu'il a été question des exceptions aux problèmes. Motivation et confiance sont des sentiments qu'il a pu s'autoriser à ressentir de nouveau. Cela ne suffit pas, bien sûr, à remonter son niveau de notes dans l'immédiat, il va lui falloir maintenir et augmenter cette motivation et cette confiance en ses capacités. Il va lui falloir apprendre à mieux apprendre. Mais le levier est en place.

➤ *Inciter votre enfant à faire ce qui marche pour lui*

Puisqu'il n'y a pas une solution mais mille, nous devons inciter nos enfants à faire ce qui marche pour eux et qu'ils savent faire, ce dont ils n'ont eux-mêmes pas toujours conscience.

Par exemple, savoir se faire des amis est un signe d'intelligence relationnelle, cela implique une empathie suffisante pour comprendre l'autre, d'avoir suffisamment confiance en soi pour se mettre en valeur, cela implique beaucoup de qualités dont on n'a pas conscience quand on se fait facilement des amis. Prendre conscience de ce que nous savons faire, de nos compétences est le premier pas vers l'attitude qui consiste à rechercher des solutions. Analyser un problème pour voir ce qui ne marche pas et chercher la pièce manquante est une chose ; en effet, si une voiture ne démarre pas il faut bien voir d'où vient le problème, mais en général le garagiste est naturellement orienté vers la solution, il va remplacer la pièce ! Nous avons tendance à rechercher la cause du problème en espérant que nous en déduirons automatiquement la solution, or ce sont deux démarches différentes. Si un enfant est dyslexique, une rééducation s'impose, mais, à la maison vous pouvez, vous parents, noter ses progrès, et l'aider par une attitude positive car cette dyslexie, si elle existe, le met en échec scolaire et altère progressivement sa confiance dans tous les domaines. En plus de la rééducation proprement dite, il sera utile de développer une attitude optimiste quant à ses compétences extrascolaires. Votre enfant, s'il est dyslexique par exemple, peut par ailleurs savoir se mettre en valeur, se faire des amis, représenter ses camarades lors des conseils de classe. Votre petit garçon qui écrit si mal peut par ailleurs être un excellent bricoleur, savoir faire la cuisine merveilleusement. Tout ce que vous « arroserez » positivement et conditionnellement connotera l'ensemble de sa personne positivement.

Notre objectif est de l'aider à modifier ses schémas d'échec mais surtout de pérenniser ses schémas de réussite.

Exercice
Listez ses compétences

Prenez une feuille et notez tout ce que votre enfant sait bien faire et tout ce en quoi il est excellent.

Réfléchissez à ce que cela implique en termes de compétences et de savoir-faire éventuellement transposables au domaine scolaire. Nous vous rappelons que le domaine scolaire ne concerne pas uniquement les notes, mais implique aussi la vie sociale qui s'y déroule, les relations avec les autres enfants et avec les adultes qui y travaillent.

Prendre le temps, même cinq minutes chaque soir pendant deux semaines, de noter ce qui va bien changera à coup sûr votre vision du présent et surtout de l'avenir. Insensiblement cette attitude va redonner optimisme et énergie à votre vision du futur.

Favoriser l'autonomie et la prise de risque

Notre principal objectif en tant que parent est d'apprendre à notre enfant à développer son autonomie. « Si je ne suis pas toujours derrière son dos, il ne fait rien » : c'est probablement la phrase la plus classique de nos consultations pour difficultés scolaires. Cette phrase contient en elle-même sa propre contradiction. Si je suis derrière son dos, évidemment il ne va pas développer son autonomie. C'est un bon exemple pour illustrer un des postulats utilisés en thérapie familiale : « La solution est le problème. » En toute bonne foi les parents pensent que la solution est d'être « derrière son dos », or il se trouve que de ce fait l'enfant ne peut devenir autonome. Et la solution pleine de bonnes intentions devient progressivement le problème. Il y a d'autres solutions possibles, puisque celle-ci ne marche pas. Attention, cela ne veut pas dire que cela ne marche jamais, il arrive qu'un enfant ait besoin qu'on l'aide. La question réside plutôt dans l'éloignement progressif, et l'allégement de cette aide.

D'abord il faut rappeler que l'autonomie s'acquiert progressivement. Souvent les parents plaquent sur leurs tout-petits des demandes qui ne correspondent pas à leur âge. « Le bébé est une personne », disait Françoise Dolto, oui, mais pas une grande personne, pourrait-on ajouter. L'enfant n'est pas un adulte, et cette fameuse autonomie, nous le savons bien pour nous-mêmes, n'est pas si facile à acquérir.

Rappelons que la mission du parent coach est de favoriser l'autonomie de l'enfant, sachant que celle-ci est étroitement liée à la réussite scolaire et facteur d'estime de soi.

Favoriser l'autonomie de son enfant, c'est décider de lui faire confiance. Trop de parents, pourvus des meilleures intentions, couvent leurs enfants et font les choses à leur place, les privant à chaque fois d'une occasion de grandir, et d'en être fiers.

À 6 ans, on boutonne leurs manteaux, et à 12 on les dépose juste devant la grille du collège parce que « la route est dangereuse à traverser » et qu'on ne leur fait pas confiance. Certes, les dangers existent, mais le plus grand danger est de ne pas donner à l'enfant l'occasion d'apprendre à traverser seul !

Pour développer la confiance de vos enfants, commencez par leur faire confiance. L'enfant qui doute de ses capacités n'est pas autonome et évite la prise de risque. Il ne s'agit pas alors de le brusquer et nous avons vu qu'il fallait commencer par répondre à son besoin d'être rassuré, valorisé, encouragé. Petit à petit, vous pouvez l'inciter à se lancer des défis, car le meilleur moyen de vaincre ses peurs est de les affronter graduellement. En gardant à l'esprit que prendre des risques, c'est accepter l'idée qu'il n'y a pas de prise de risque sans risque d'erreur. Il ne s'agit pas non plus de vous brusquer, vous les parents, et de les envoyer à l'école seuls, tout à coup, en vous laissant serrés par une angoisse que de toute façon ils vont ressentir. Pour les parents aussi il y a un apprentissage à faire pour aider les enfants à devenir grands et ce n'est pas la partie la plus facile. Aidez vos enfants à devenir autonomes et aidez-vous à les laisser devenir autonomes. Progressivement apprivoisez l'idée de cette autonomie, voyez les étapes que vous pouvez mettre en place, visualisez qu'un jour ils voleront de leurs propres ailes grâce aux solides racines que vous leur aurez données.

Léa, 11 ans, en 6e, a peur de prendre la parole en classe. Ses parents sont venus consulter pour l'aider à vaincre sa timidité en classe. « Ses professeurs nous disent que c'est une bonne élève, mais qu'elle est trop timide, elle perd ses moyens à l'oral, ne participe pas assez, la maîtresse nous le disait déjà en primaire, mais là au collège, c'est encore plus difficile, et Léa est parfois angoissée d'aller au collège de peur qu'on l'interroge, alors qu'elle travaille beaucoup et qu'elle connaît très bien ses leçons. » Léa évidemment ne parle pas beaucoup lors de cette première consultation, mais elle s'anime un peu lorsque nous demandons aux parents si elle a des amies, et comment cela se passe avec elles. « Oui, elle a beaucoup d'amies, qu'elle a gardées de l'école primaire, et puis en vacances avec ses cousines, c'est une meneuse ! »
Intéressant ! C'est une meneuse avec ses cousines, mais pas à l'école. Est-ce qu'il y a quelque chose qui est différent à l'école ? » Cette question est posée directement à Léa qui est devenue plus

active. Son visage s'anime, elle bouge sur son dossier, essaie de couper la parole à ses parents.
« Eh bien, à l'école, c'est différent, oui, parce que les professeurs me font peur, et puis je ne connais pas tous les élèves, certains se moquent de moi, enfin je crois.
— Tu crois, mais tu n'en es pas sûre.
— Oui, c'est vrai. »
Déjà nous tentons d'entamer sa certitude sur les moqueries éventuelles de ses camarades. Mais affronter les professeurs reste un challenge et son objectif est d'avoir confiance en elle-même devant les professeurs. Au cours de l'entretien suivant, nous apprenons que Léa est une sportive, et qu'elle aime la compétition en karaté. Lors de notre troisième entretien, Léa est d'accord pour relever le défi que nous lui proposons : prendre la parole en classe, participer, signe pour elle de confiance en soi retrouvée.
Nous avons auparavant travaillé sur la notion d'erreur et amené Léa à reconsidérer sa croyance selon laquelle « si je pose une question au professeur, tout le monde va penser que je suis bête ». Léa a ri quand je lui ai dit : « Si poser une question, c'est être bête, ne pas la poser, c'est le rester. »
Puis nous avons évalué avec Léa le degré de difficulté du défi en fonction des professeurs : « Avec quel professeur, ou dans quelle matière te sens-tu le plus capable d'affronter ta peur ? »
Nous avons décidé ensemble que Léa tenterait une intervention lors du prochain cours d'anglais. Une seule intervention « pour voir ».
Une semaine plus tard, Léa me raconte son intervention, qui s'est bien passée. Elle s'est sentie plus en confiance, et a même fait une deuxième intervention, hors contrat !
La dynamique était lancée.

Quand nous proposons aux enfants (ou aux parents) d'entreprendre des changements, nous choisissons volontairement des changements sur une courte durée. Tout le monde est capable de faire quelque chose de différent sur une courte période. L'idée de faire un essai est une chose plus admissible que d'imposer un nouveau comportement. De plus, l'idée de l'essai peut aussi être remplacée par l'idée de l'étape. La première étape est de poser une question par semaine, la deuxième par exemple serait de poser une question au professeur de géographie qui fait si peur. L'essentiel est que l'enfant propose lui-même les étapes qu'il veut mettre en place, ou que vous en discutiez avec lui suivant son âge.

➤ *Comment aider votre enfant à développer son autonomie ?*

En primaire, on peut commencer par responsabiliser l'enfant en dosant notre présence au moment des devoirs. Une fois de plus, tout est dans le dosage, ni trop, ni trop peu !

Quelques exemples :

— « Commence tes devoirs, et appelle-moi si tu as besoin d'aide. »

— Plutôt que d'imposer à l'enfant une routine de travail, on peut l'impliquer en lui proposant, par exemple, de choisir l'heure à laquelle il souhaite commencer ses devoirs. Dire à l'enfant systématiquement ce qu'il doit faire, c'est le déresponsabiliser et par la même occasion le démotiver.

— Donner à l'enfant l'impression de choisir, même si c'est un faux choix, car derrière le choix il y a une suggestion. Dans la question, on suggère qu'il va faire ses devoirs. Lui demander : « Tu préfères prendre un bain ou une douche ? », c'est lui donner le choix, mais c'est aussi lui suggérer qu'il fera l'un ou l'autre ! Au collège *a fortiori*, l'enfant est censé gagner en autonomie, mais là encore de manière progressive. Pas question de le « lâcher dans la nature » du jour au lendemain. Cela peut s'avérer paradoxal, mais pour accéder à l'autonomie, les adolescents ont besoin de se sentir en sécurité. Ils ont besoin de se sentir encadrés, écoutés, et c'est à l'intérieur d'un cadre que leur liberté et leur autonomie sauront le mieux s'exprimer.

Cette idée de liberté surveillée est valable tant pour le scolaire que pour le reste. On ne met plus le nez dans les devoirs comme en primaire ou au début du collège, mais cela ne nous dispense pas de nous intéresser de près au programme et au reste ! La première question à se poser est de savoir si cela marche bien en classe. Si cela marche bien, c'est que ce qu'il fait est bien, que ce que vous faites est bien et que les professeurs sont satisfaits et motivants. S'il y a quelques soucis, faites le point avec les professeurs, et avec vos enfants, posez-vous et posez-leur les questions décrites dans le tableau des questions orientées vers les solutions (voir p. 136).

Quelques conseils pour les collégiens

— Pendant les devoirs, laissez-le se débrouiller seul et n'intervenez qu'en cas de besoin.
— Encouragez-le à s'organiser et à faire ses propres choix, comme, par exemple, de décider lui-même de l'heure à laquelle il veut faire ses devoirs.
— Encouragez-le à prendre des responsabilités à la maison.
— Ne tentez pas de résoudre ses problèmes (scolaires ou non) à sa place mais invitez-le à réfléchir. Demandez-lui conseil parfois, pour vous-même.
— Ne relevez pas systématiquement ses erreurs, donnez-lui le temps de la réflexion.

Nous avons vu au cours de ce chapitre comment améliorer la confiance en soi de vos enfants et aussi votre confiance en vous, parents, en adoptant une pensée focalisée sur les ressources, les compétences et les solutions plutôt que sur les problèmes et leurs origines. Comment aider vos enfants à croire en leur capacité de réussir en les aidant à développer leur autonomie, par étapes successives et progressives.

CHAPITRE 7

Améliorez ses capacités d'apprentissage

Nous avons vu dans les chapitres précédents comment créer les conditions propices à l'apprentissage des enfants, et notamment comment développer leur motivation et leur confiance en soi. Nous allons aborder dans ce dernier chapitre un autre facteur déterminant pour la réussite scolaire, celui des stratégies cognitives d'apprentissage.

Apprendre nécessite des compétences et des savoir-faire précis. Pour apprendre, nous utilisons des stratégies cognitives qui nous sont propres. Par stratégie cognitive, nous entendons tout simplement notre façon de procéder dans notre tête pour penser, réfléchir, apprendre. Or, beaucoup d'enfants ont du mal à l'école parce qu'on ne leur a pas appris à apprendre. « Va apprendre ta leçon » ne leur dit rien sur les processus cognitifs à mettre en place. On présuppose à tort qu'ils savent comment faire pour comprendre, mémoriser, raisonner.

Les différences individuelles quant à la manière d'apprendre sont considérables, et s'il n'existe pas de stratégie d'apprentissage universelle, en revanche nous savons qu'il existe des stratégies plus efficaces que d'autres. La bonne nouvelle est que chaque enfant peut apprendre ces stratégies.

De nombreux enfants sont en difficulté parce qu'ils ne possèdent pas les bons outils. On leur demande de faire plus alors qu'on devrait leur apprendre à faire différemment, plus efficacement.

Les plus téméraires continuent tant bien que mal à suivre les autres au prix d'efforts importants, convaincus d'être « bêtes, nuls, ou incapables » et finissent par baisser les bras. Si les enseignants sont de plus en plus conscients de ces différences, il faut reconnaître qu'il est matériellement impossible d'individualiser l'enseignement dans une classe de trente élèves.

Pourtant, apprendre à apprendre aux enfants, et favoriser leur autonomie est la mission de l'école au même titre que la transmission du savoir. Le système éducatif se concentre sur les matières et plus rarement sur le processus d'apprentissage. En conséquence, il revient aux parents de ne pas s'occuper seulement du contenu que l'enfant doit apprendre, mais de discuter aussi avec lui des moyens qu'il met en œuvre.

Dans la première partie de ce chapitre, nous verrons comment vous pouvez en tant que parent proposer (et non imposer) à vos enfants de nouvelles manières de faire, et les encourager à « jouer » avec leurs images mentales.

Imaginez, par exemple, que vous devez mémoriser ce numéro de téléphone : 06.09.26.40.44.

Comment avez-vous procédé mentalement ? Avez-vous répété mentalement le numéro plusieurs fois ? Avez-vous essayé de donner un rythme particulier à cette énumération, voire de le chanter à la manière d'une comptine ?

Peut-être avez-vous tenté d'utiliser un moyen mnémotechnique pour faciliter la mémorisation : 40 (guerre de 1940), 26 (l'âge de votre petite sœur), etc.

Peut-être avez-vous seulement visualisé mentalement les numéros, ou encore vous êtes-vous imaginé en train de composer le numéro, en mimant les gestes sur le clavier.

À moins que vous n'ayez fait tout cela à la fois ?

Ce que vous avez fait dans votre tête, et dont jusqu'à présent vous n'étiez sans doute pas conscient, est la stratégie cognitive.

Comment font les bons élèves ?

Antoine de la Garanderie[1] a été l'un des premiers à s'intéresser à la réussite scolaire. Il eut l'idée de se demander : « Comment font les élèves qui réussissent ? », et non plus : « Pourquoi celui-ci échoue ? » Cette démarche permit de « décoder » les stratégies d'apprentissage des bons élèves (leur manière de procéder mentalement) dans le but de les transmettre aux élèves en difficulté. L'organe de notre pensée, de nos cognitions, est notre cerveau et, grâce aux avancées des neurosciences, nous avons aujourd'hui une meilleure compréhension de son fonctionnement et de ses étonnantes potentialités. La technique de l'imagerie cérébrale nous permet, par exemple, d'observer ce qui se passe quand le cerveau travaille, et en matière d'éducation, nous avons une meilleure compréhension des opérations cognitives correspondant à tel ou tel apprentissage.

---

1. Antoine de la Garanderie, psychologue et pédagogue, a élaboré la « gestion mentale » qui décrit les gestes mentaux impliqués dans le processus d'apprentissage dans le but de permettre à chacun de se doter d'outils cognitifs efficaces. Il est l'auteur de nombreux ouvrages (voir bibliographie).

➤ *Apprendre avec les cinq sens*

Notre perception de la réalité se fait grâce à l'utilisation de nos cinq sens (la vue, l'ouïe, le toucher, l'odorat, le goût). En ce moment vos yeux parcourent le texte, tandis que vos doigts sont en contact avec le papier, vous êtes peut-être conscient des sons qui vous entourent, d'un parfum.

Lorsque nous pensons, nous nous faisons une re-présentation mentale sous forme d'images, de sons, de sensations. C'est l'organisation de ces re-présentations mentales qui forme nos stratégies.

Pensez un instant à une fraise et fermez les yeux.

Tandis que vos yeux étaient fermés, vous avez construit une image mentale de la fraise, de sa forme, de sa couleur, peut-être vous êtes-vous remémoré son parfum, peut-être avez-vous senti son goût dans votre bouche ? La fraise n'est là que dans votre pensée et pourtant vous en avez déjà presque le goût à la bouche (à moins que vous n'aimiez pas les fraises). La pensée est une suite de représentations mentales qui se succèdent dans notre esprit de manière le plus souvent inconsciente. À chaque fois que nous pensons, nous construisons des images mentales, nous nous parlons à nous-mêmes, ou nous nous remémorons la voix d'une personne, le souvenir d'un parfum, une sensation physique, une émotion.

La réalité ⟶ perception de la réalité par les sens ⟶ représentation mentale

Lors du processus d'apprentissage, qu'il s'agisse de comprendre, de mémoriser, de raisonner, ou d'imaginer, l'enfant utilise principalement trois registres sensoriels :

— Le registre visuel, qui correspond à la capacité à fabriquer des images mentales.

— Le registre auditif, qui concerne la mémoire des sons et le monologue intérieur.

— Le registre kinesthésique, relatif au corps, aux émotions, au mouvement, au toucher.

Si chaque enfant a un registre dominant, il serait réducteur de parler d'enfant visuel, auditif ou kinesthésique, car les registres sensoriels coopèrent plus qu'ils ne s'opposent, et il n'est pas question de revendiquer une quelconque supériorité d'un système par rapport à un autre.

D'une manière générale, nous savons aujourd'hui que le meilleur apprentissage est multisensoriel. Plus on utilise de sens, mieux on apprend, parce que l'on active davantage de zones cérébrales. Et c'est précisément ce que font les élèves brillants qui utilisent de manière experte leurs trois registres sensoriels (visuel, auditif, kinesthésique).

Juliette, 10 ans, est en CM2. C'est une très bonne élève et elle excelle tout particulièrement en français. Elle vient d'avoir un 19/20 en récitation, pour « Le Corbeau et le Renard », et nous lui demandons « comment elle a fait pour apprendre si bien sa récitation ».

Au début, Juliette nous répond qu'elle ne sait pas. En effet, la plupart des enfants ne sont pas conscients de leurs « gestes mentaux ». Nous précisons notre question : « Est-ce que tu vois des images dans ta tête (registre visuel) ? Est-ce que tu te récites les mots intérieurement (registre auditif) ? »

Après réflexion, Juliette se remet en situation : « Quand j'ai une récitation à apprendre, je commence par la lire en entier pour connaître l'histoire, et en même temps que je lis l'histoire je vois comme le film de l'histoire dans ma tête, par exemple je vois bien le corbeau tout noir et moqueur, sur la branche d'un grand

platane en forêt... » Juliette décrit des images très détaillées et colorées.
« Est-ce que tu te récites aussi le texte dans ta tête ?
— Oui, c'est comme une petite voix qui répète les mots en même temps que je les lis, et la petite voix est plus forte pour chaque mot qui rime, par exemple fromage, langage.
— Très intéressant, et tu fais autre chose encore, tu restes assise pour apprendre ?
— Au début, oui, et puis quand je commence à connaître la récitation presque par cœur, je la récite en marchant.
— Bravo, apparemment c'est une bonne idée, as-tu encore d'autres techniques qui pourraient aider ceux qui sont un peu moins forts que toi ?
— Ah ! oui, ce que je fais aussi, c'est que la veille, dans mon lit, je m'imagine en train de réciter devant la classe. »

Nous venons de constater que Juliette utilise ses trois registres sensoriels. Elle construit des images de l'histoire (registre visuel), elle récite dans sa tête (registre auditif), elle utilise le registre kinesthésique lorsqu'elle marche en récitant, et elle utilise à nouveau le registre visuel en se visualisant mentalement en train de réciter (il s'agit là de la visualisation que nous avons déjà évoqué au chapitre 5).

Revenons à l'exercice de mémorisation que nous avions proposé pour retenir le numéro de téléphone suivant : 06.09.26.40.44.

Demandez à votre enfant de faire le test, puis interrogez-le sur sa manière d'opérer.

— S'il a répété mentalement, il a utilisé son registre auditif.

— S'il a vu les chiffres dans sa tête, il a utilisé le canal visuel.

— S'il a mimé les gestes, il a utilisé le registre kinesthésique.

Apprendre à décoder nos stratégies d'apprentissage peut devenir un jeu fort instructif. Entraînez-vous et entraînez vos enfants à réfléchir à haute voix.

➤ *Faire travailler sa mémoire visuelle*

L'apprentissage implique mémoire et compréhension et nous allons aborder en premier lieu la stratégie de mémorisation. Nous pouvons distinguer la mémoire à court terme et la mémoire à long terme.

Si vous oubliez le code d'accès de l'immeuble d'un ami, et qu'il vous le communique sur votre téléphone, tandis que vous êtes en chemin, vous allez probablement vous le répéter mentalement (registre auditif).

Vous n'avez besoin de cette info que sur le court terme : la répétition mentale est suffisante pour stocker une information sur le court terme.

En revanche, si votre projet est de retenir le code sur le long terme, la stratégie la plus efficace (c'est-à-dire la plus simple et celle qui demande le moins d'effort) consiste à vous représenter mentalement les chiffres.

Étape 1 : Vous percevez l'information.

Étape 2 : Vous en faites une photographie mentale.

Mémorisation visuelle ---------- **Mémoire à long terme**

Je perçois l'info → Je fais une photo mentale → L'image est stockée sur le long terme

Mémorisation auditive - - - - - - - - - **Mémoire à court terme**

Je perçois l'info	→	Je répète dans ma tête	→	Je m'en souviens tout de suite	→	Plus tard j'ai oublié

La stratégie des « forts en orthographe »

La stratégie des forts en orthographe est une illustration parfaite de mémorisation visuelle.

Si vous faites partie des « forts en orthographe », voici comment vous procédez certainement :

1. Vous écrivez le mot.

2. Votre cerveau compare (sans que vous en soyez conscient) ce que vous venez d'écrire avec son souvenir du mot stocké sous forme de photographie mentale.

3. Si vous ne sentez aucune gêne, c'est que les deux correspondent, l'orthographe est la bonne.

Si vous ressentez une gêne, un doute, vous essayez une autre orthographe du mot jusqu'à ce que vous la « ressentiez » comme bonne.

C'est pourquoi nous avons souvent besoin d'écrire un mot pour vérifier son orthographe.

À l'inverse, les élèves plutôt médiocres en orthographe ont tendance à utiliser leur mémoire auditive, et de ce fait, développent une écriture phonétique des mots, ce qui pourrait être acceptable pour certaines langues (comme l'espagnol), mais entraîne de grosses « fotes » en français !

Quant à l'écriture phonétique de rigueur pour communiquer par texto, « c 1 otre Dba » ! (C'est un autre débat.)

Pour mémoriser correctement l'orthographe des mots, l'enfant ne doit donc pas se répéter le son du mot, mais mémoriser l'image du mot.

Voici donc la stratégie d'orthographe telle que vous pouvez l'apprendre à vos enfants (petits ou grands).

Comment mémoriser l'orthographe d'un mot

1. Choisissez un mot de difficulté moyenne et écrivez-le en écriture cursive sur un carton.
Demandez à votre enfant de « photographier le mot dans sa tête » : « Tu vois bien les lettres, la première, la dernière, celles du milieu, celle qui monte, celle qui descend… »

2. Retournez le carton ou cachez le mot et demandez à votre enfant de continuer de le voir dans sa tête ou de l'imaginer écrit sur le carton.
Vérifiez la qualité de l'image mentale en demandant à votre enfant d'épeler le mot à l'envers (on ne peut épeler un mot à l'envers sans s'en faire une image mentale).

3. Demandez à votre enfant d'écrire le mot, puis de revoir le mot dans sa tête, et de *ressentir* si le mot lui paraît bien orthographié.

4. Si le mot est bien écrit et ressenti comme tel, félicitez votre enfant.
Si le mot est mal orthographié et ressenti comme tel, félicitez votre enfant.
L'objectif étant d'exercer l'enfant à ressentir de lui-même si l'orthographe est bonne ou mauvaise avant de faire, le cas échéant, les rectifications nécessaires.
Dans les autres cas, refaire l'exercice.

5. Demandez à votre enfant de s'imaginer lors de la prochaine dictée.

Après quelques entraînements réguliers, la stratégie sera automatisée.

➤ *Comprendre pour apprendre*

Certains enfants apprennent sans forcément comprendre. Le système scolaire actuel propose encore parfois aux élèves d'apprendre leur leçon « par cœur » en pratiquant de ce fait la répétition mentale. L'enfant lit la phrase puis se la répète encore et encore jusqu'à la connaître par cœur. Si ce type d'apprentissage peut faire illusion un certain temps, il omet tout simplement la compréhension ! On peut très bien retenir « par cœur » quelque chose que l'on ne comprend pas.

En revanche, ceux qui ont bien appris sont ceux qui ont bien compris, et pour comprendre, ils ont une stratégie mentale. Pour comprendre, les élèves performants utilisent là encore leur capacité à visualiser en se fabriquant des images analogiques concrètes. L'image analogique du mot pomme est l'image du fruit, à distinguer de l'image digitale qui est l'image du mot écrit (celle utilisée dans la stratégie d'orthographe).

Pour comprendre une phrase simple comme « la pomme est sur la table », l'enfant devra se faire une image de la pomme sur la table. Pour comprendre, il revient au concret en passant par l'image.

➤ *Apprendre à lire*

À la maternelle, les enfants commencent à aborder la lecture en associant le mot et son illustration, et ils prennent du plaisir à regarder les livres illustrés de belles images.

Plus tard, les choses se compliquent, les textes à lire n'offrent plus de supports visuels, et l'on commence à aborder des termes ou des concepts abstraits. C'est souvent à ce moment-là que la lecture peut perdre de son attrait, tandis que l'élève peut avoir des difficultés à percevoir le sens de ce qu'il lit, s'il ne se fabrique pas d'images associées.

On évoque aujourd'hui ce chiffre inquiétant : environ 10 % des élèves ne maîtrisent pas la lecture en 6e. En réalité ces élèves savent lire, mais ne comprennent pas le sens de ce qu'ils lisent. L'enfant qui lit de manière purement auditive, traite l'information de manière séquentielle. Il peut très bien décoder tous les mots d'un texte, qu'il ânonne, sans en avoir compris le sens. Et si les mots ne font pas sens pour lui, c'est parce qu'ils ne renvoient à aucune image dans sa tête.

On pourrait penser que la génération actuelle, surexposée aux images, a des capacités évidentes à visualiser. Ce n'est pas le cas, car si les enfants sont de grands consommateurs d'images, il s'agit d'images toutes faites. Ce qui compte, c'est surtout la capacité à se fabriquer des images, et à ce titre la lecture d'un livre est certainement plus efficace que l'absorption passive d'images devant le petit écran.

> Sylvia est accompagnée de sa mère et de son beau-père. Elle est en 5e et présente des difficultés depuis le CE1. Depuis cette date, elle apprend par cœur tout ce qu'elle lit. Dans un premier temps, elle a appris à lire sans que cela n'implique de sens ni de projet particulier autre que d'apprendre pour apprendre, faire plaisir, avoir une bonne évaluation. Lire n'a tout simplement aucun sens pour elle. Elle possède une bonne mémoire auditive et donc fait illusion plus ou moins bien jusqu'en CM2. Mais progressivement il devient impossible pour elle de tout apprendre par cœur, la

masse des informations est trop importante. De plus, il devient évident qu'elle lit mécaniquement sans comprendre du tout ce qu'elle lit. Si on lui pose une question de compréhension, elle répond au hasard. Le mot qu'elle donne comme réponse est choisi presque au hasard dans sa mémoire auditive. Elle ne comprend effectivement pas ce qu'elle lit et pourtant elle est intelligente. L'essentiel du travail a donc consisté à lui apprendre à visualiser mentalement les mots et surtout ce qu'ils représentent. Nous allons voir comment procéder pour apprendre aux enfants la lecture visuelle.

À l'école primaire : entraîner les enfants à lire visuellement

Si votre enfant est à l'école primaire, vous pouvez l'entraîner de la manière suivante :

Le soir, au moment de lui lire une histoire, demandez-lui de s'en faire un film, d'en être le metteur en scène. Invitez-le à mettre le plus de détails et de contrastes possibles, couleurs, luminosité, gros plans, sons, etc.

Puis, pour faire le lien entre mémoire, compréhension et visualisation, vous pouvez lui poser des questions relatives à l'histoire et l'inviter à vérifier que la réponse est dans son « film ».

Reprenons l'exemple de la fable de La Fontaine. Si votre enfant a du mal à mémoriser, il peut s'aider des images qu'il construit. « Maître renard par l'odeur alléchée. » Si l'enfant ne comprend pas le mot alléché, il lui est impossible de se le représenter, et difficile de le mémoriser. Si on lui explique le mot alléché, il peut se faire une image du renard en train de se lécher les babines, par exemple. Et cette image l'aidera à restituer le texte.

Au collège

La visualisation mentale peut être également très utile aux collégiens pour favoriser leur compréhension.

➤ *Apprendre des définitions complexes*

Voici une définition de science et vie de la terre à « apprendre par cœur » en 6e :

« La cellule est la structure de base des êtres vivants. Constituée d'un cytoplasme dans lequel se trouve un noyau, elle est délimitée par une membrane. »

Si l'élève veut se donner une chance de mémoriser cette définition à moyen ou long terme, il aura tout intérêt à la comprendre et pour cela à s'en faire une représentation. Si l'élève ne connaît pas le sens du mot cytoplasme, il ne pourra pas s'en faire une image et cela nuira à sa compréhension et donc à sa mémorisation à plus ou moins long terme.

➤ *Mémoriser les faits et les dates historiques*

Prenons l'exemple de la découverte de l'Amérique par Christophe Colomb.

Proposez à votre enfant de s'imaginer, à force de détails de mise en scène, le film « grand spectacle » de l'événement : « Pour retenir 1492, quelle image as-tu trouvée ? La date est-elle inscrite sur un drapeau planté au sol ? » « Comment peux-tu mémoriser les noms des trois bateaux *Pinta*, *Nina* et *Santa Maria* ? Sont-ils gravés sur la proue ? »

Rappelons que la visualisation est utile sans être exclusive. Comme nous l'avons déjà dit, les trois registres sensoriels sont importants et visualiser n'exclut pas l'utilisation de l'auditif et du kinesthésique.

L'enfant peut, par exemple, procéder de la sorte :

Registre visuel	Je vois 1492 écrit sur un drapeau
Registre auditif	Je me répète en même temps 1492
Registre kinesthésique	Je ressens le geste de planter le drapeau, ou une émotion associée

Le meilleur apprentissage est l'apprentissage multi-sensoriel. Et termes de stratégie, il s'agit d'élargir la palette, d'apprendre à votre enfant à utiliser des compétences en plus, pas en moins.

Apprendre les théorèmes de géométrie

Nous vous proposons ce petit test :

Prenez trente secondes pour mémoriser le théorème géométrique suivant :

« Si deux droites sont perpendiculaires, toute perpendiculaire à l'une est parallèle à l'autre. »

Comment avez-vous procédé ?

Soit le mot géométrie est un répulsif et vous avez renoncé d'emblée à faire l'exercice, soit vous avez mémorisé le théorème en faisant un dessin, ou en imaginant la figure mentalement. Dans ce cas, vous venez de constater qu'on ne peut comprendre sans visualiser. Lorsque vos enfants ont des théorèmes ou des définitions à apprendre, vous pouvez leur suggérer de les mémoriser à l'aide de l'image, sans recours au texte.

Les langues étrangères et les tables

Dans certaines matières, l'utilisation du canal auditif est recommandée. Pour apprendre les langues étrangères, l'utilisation du canal auditif est à privilégier puisqu'il est question de mémoriser des sons, un accent, une musicalité. De ce fait, la répétition mentale est appropriée. On peut aussi suggérer à l'enfant d'écouter des cassettes.

La répétition mentale est utile aussi pour donner un rythme à l'apprentissage des tables de multiplication ou pour mémoriser les conjugaisons : ceux d'entre vous qui ont appris le latin pourront peut-être encore fredonner le fameux « rosa, rosa, rosam… ».

L'importance du corps dans l'apprentissage

On oublie trop souvent le corps dans l'apprentissage. Pourtant nous admettons volontiers, aujourd'hui, que le corps et l'esprit font partie d'un même système.

Le mouvement est la première source d'apprentissage du petit enfant, c'est la phase sensori-motrice décrite par Jean Piaget. qui fut l'un des psychologues et hommes de sciences les plus influents dans le domaine de la psychologie du développement de l'enfant.

À la maternelle, une place importante est dévolue au développement psychomoteur de l'enfant, il bouge, manipule, joue. Quelque temps plus tard, il doit rester tranquille sur sa chaise, et l'on s'étonne qu'il soit turbulent, agité, là où il a surtout besoin d'occasions de dépenser son énergie, et de laisser s'exprimer sa part kinesthésique.

L'enseignement traditionnel français privilégie les matières fondamentales et considère comme annexes des activités comme le sport, la musique ou les arts plastiques. Pourtant, les activités artistiques ou motrices sont d'excellentes stimulations cognitives, autant pour le jeune enfant que pour l'adolescent. Elles peuvent aider un enfant à s'améliorer dans toutes les matières et nous ne saurons que trop encourager les parents à leur redonner leurs lettres de noblesse.

Reconnaissons qu'il nous arrive rarement de nous enquérir des notes du contrôle de musique ou de sport. C'est un tort car cela peut aussi être l'occasion, le cas échéant, de pointer une expertise de l'enfant, de valoriser une compétence, et de renforcer sa confiance.

Le registre kinesthésique comprend le sens du toucher, qui joue lui aussi un rôle important dans l'apprentissage. Une récente étude du CNRS[2] démontre que les enfants qui apprennent l'alphabet en manipulant des lettres en relief lisent mieux et plus vite.

En primaire, la manipulation concrète doit être stimulée. Les enfants qui ont des difficultés avec les abstractions mathématiques en 6e sont souvent ceux qui n'ont pas fait assez de manipulations réelles pour apprendre à calculer. Ils ont besoin d'expérimenter de manière concrète les notions de mesures. Rien de tel que la vie quotidienne, le bricolage, la cuisine, les courses, les jeux pour appréhender le calcul de manière concrète.

Comprendre, c'est d'abord revenir au concret, pour être capable par la suite de comprendre des abstractions, et notamment les abstractions mathématiques.

En tant que parents, réhabilitons le jeu, la manipulation, le mouvement, la création. Invitons nos enfants petits ou grands à expérimenter, mimer, toucher, manipuler, bouger, créer.

---

2. Par Édouard Gentaz et Pascale Colé.

➤ *L'influence du corps sur le mental*

Agir sur le mental influence le corps et réciproquement, on peut agir sur le corps pour influencer le mental. Même pour un sportif, ce n'est pas la force du bras, mais celle du mental qui fait la différence au moment décisif.

Pour apprendre dans de bonnes conditions, l'enfant doit être dans une disposition mentale appropriée. Qu'il s'agisse du travail à la maison, du suivi des cours, ou des contrôles, il doit être dans un état de concentration, de calme, et de confiance. Nous avons évoqué dans les chapitres précédents les différents moyens de favoriser en amont la motivation et la confiance en soi de votre enfant.

Évoquons maintenant certaines techniques « corporelles » qui peuvent aider l'enfant à accéder à la concentration, au calme et à la confiance. Le cerveau fonctionne mieux dans le calme que sous le stress, ceux qui perdent leurs moyens au moment des contrôles ou des examens ne nous contrediront pas ! Un peu de stress et d'adrénaline, oui avant de se mettre au travail, mais pas de stress au moment de travailler.

➤ *La gestion des émotions ou comment avoir un mental performant*

Pour accéder à un état mental performant, de nombreux sportifs ont leurs rituels ; pour certains, c'est un geste ou une posture, pour d'autres un porte-bonheur…

Pour accéder à la concentration, Yvan Lendel s'arrachait un ou deux sourcils ; à défaut d'être esthétique, ce geste était efficace. Monica Seles, quant à elle, manipule la médaille qu'elle a autour du cou pour retrouver la confiance. Et la plupart des sportifs font le geste de serrer un poing pour déclencher ou renforcer leur détermination à gagner.

Le recours à un rituel agit comme un stimulus réflexe, qui associe le geste ou la posture du corps à un état mental particulier.

Les enfants qui travaillent efficacement ont eux aussi leurs rituels.

Jeremy est en 5e. Quand il a besoin de se concentrer, il a un rituel : il prend une grande respiration et il rapproche sa chaise de son pupitre à l'école, de son bureau chez lui.

Guillaume est en 6e et il a du mal à rester concentré en cours. Nous commençons par lui demander ce qu'il entend concrètement par concentration.
« Ça signifie quoi pour toi, concrètement, être concentré ?
— C'est être attentif à ce que dit le professeur.
— D'accord, et être attentif, ça se traduit comment précisément ? Si l'on t'observe en cours comment voit-on que tu es ou non concentré, attentif ?
— Je pense que quand je suis concentré, je regarde le professeur, je l'écoute.
— D'accord, tu le regardes, tu l'écoutes, et quoi d'autre ? Comment fais-tu pour être attentif ?
— Je ne bavarde pas avec mes voisins, je suis installé aux premiers rangs et je suis bien droit sur ma chaise. »

Cette séance avec Guillaume nous a permis par la suite de l'aider à mettre en place une sorte de rituel de concentration.

Les enfants qui ont des difficultés à se concentrer manquent souvent de rituels. Ce sont ceux, par exemple, qui font leur travail un jour dans la cuisine, un jour dans le salon ou dans leur chambre et qui ont des horaires fantaisistes. Vous pouvez leur suggérer de mettre en place certains rituels de travail, lieu, horaire, et de s'installer dans des postures propices à l'apprentissage.

Voici quelques exemples de postures (ou rituels) à proposer aux enfants afin de favoriser la concentration et le calme (à pratiquer aussi bien en cours qu'à la maison).

— Les pieds bien ancrés au sol, le dos bien en contact avec la chaise sont des postures qui entraînent concentration et détermination avant un travail.

— La respiration abdominale est un excellent moyen d'accéder au calme, de gérer le stress notamment avant un contrôle et d'augmenter la vitalité.

Voici la respiration abdominale que l'on peut facilement apprendre aux enfants :

Apprendre à votre enfant la respiration abdominale

— Pose légèrement tes doigts sous ton nombril.
— Inspire profondément par le nez, de manière légère et régulière et sens l'abdomen se gonfler sous tes doigts. Imagine un ballon qui se gonfle.
— Expire lentement et régulièrement par le nez en creusant l'abdomen.
— Inspire et expire cinq fois. Pour égaliser la durée de l'inspiration et de l'expiration, on peut compter mentalement jusqu'à 4.

Choisir son rituel personnel

À l'instar des sportifs, les enfants peuvent s'inventer un rituel afin d'accéder à un état mental positif, et de gérer des émotions invalidantes comme le trac, la peur des examens, ou, par exemple, la peur liée à la prise de parole en public.

Lorsque l'enfant est confronté à la peur ou au trac, il peut puiser des ressources dans son passé, pour les utiliser dans le présent. Il peut par exemple se remémorer une situation où il était en pleine confiance pour substituer cette confiance à sa peur.

> Sidonie consulte car elle a beaucoup de difficultés à s'exprimer en classe. Poser des questions est presque une torture : « Mon cœur bat très vite, je ne sais plus ce que je veux dire, mes mains tremblent », « Si je dois faire un exposé c'est horrible, je ne peux pas tenir la feuille sans trembler. »
> Après avoir cherché des exceptions à ce comportement (des moments où elle n'a pas peur de parler devant les autres), nous lui demandons comment elle voudrait se comporter en classe, de nous décrire un futur réussi (recherche de l'objectif).
> « Mes mains ne trembleront pas, je n'aurai pas peur. »
> Sidonie exprime son objectif négativement et nous l'aidons à décrire un objectif positif :
> « Et quand tes mains ne trembleront plus, que tu n'auras pas peur, comment te sentiras-tu ?
> — Je me sentirai en confiance, en sécurité.
> — Donc, ce que tu veux, c'est te sentir en confiance et en sécurité au moment de parler devant la classe ?
> — Oui, c'est ça.
> — Peux-tu te rappeler un moment, une situation où tu étais particulièrement en confiance et en sécurité ? »
> Après réflexion, Sidonie choisit un moment où elle a joué un morceau de piano pour l'anniversaire de son grand-père. Ce jour-là, elle se sentait très en confiance et en sécurité. Nous lui proposons de choisir un geste (rituel), serrer le poing par exemple, qu'elle va associer à ce sentiment de confiance et de sécurité, et qu'elle pourra activer quand elle voudra. Nous lui expliquons que les sportifs font souvent cela avant une compétition.
> Nous lui proposons ensuite de s'installer le plus confortablement possible dans le fauteuil et de se replonger dans la situation évoquée :
> « Tu es à l'anniversaire de ton grand-père, tu revois le décor, les personnages comme si tu y étais, tu entends les sons, les voix, tu

es en train de jouer un morceau de piano… »
Nous lui avons expliqué le processus avant, et Sidonie sait qu'au moment où le sentiment de confiance et de sécurité sera très fort, elle serrera le poing trois secondes puis rouvrira les yeux doucement. C'est ce que nous la voyons faire, elle est souriante.
Puis, après une pause de quelques secondes, nous lui proposons de serrer à nouveau le poing, sans penser à la scène de l'anniversaire, et de nous dire si elle ressent de la confiance, même légèrement. Il s'agit de vérifier si le conditionnement a fonctionné.
Le rituel a fonctionné, le geste du poing serré a agi comme un stimulus et réactivé son état de confiance.
Nous l'invitons à pratiquer ce geste trois fois par jour pendant la semaine à venir pour l'installer efficacement. Puis, elle pourra l'utiliser en classe avant de prendre la parole.

Récapitulatif

S'inventer un rituel

Se choisir un rituel. La technique du rituel comporte 7 étapes :

1. Définir l'objectif et l'état émotionnel dont on a besoin.
2. Choisir un geste qui servira de rituel.
3. Revivre une situation dans laquelle on était dans l'état recherché (en confiance par exemple).
4. Au moment où l'état est à son maximum, faire le geste préalablement choisi.
5. Revenir dans le présent.
6. Faire le geste et vérifier que l'on ressent bien (même légèrement) l'état voulu.
7. Répéter le geste deux à trois fois par jour pendant une semaine pour installer le conditionnement.

Votre enfant peut ensuite utiliser son rituel chaque fois qu'il a besoin de retrouver cet état émotionnel.

Outils de méthodologie

Apprendre à apprendre aux enfants consiste aussi à leur enseigner une bonne méthodologie de travail. Certains établissements scolaires proposent des cours de méthodologie et il serait souhaitable que cette initiative se généralise. Nous vous proposons quelques outils de méthodologie susceptibles d'aider votre enfant à l'école primaire et au collège.

Aujourd'hui, le développement des moyens d'information nous expose quotidiennement à des tonnes de stimuli qui font que nous nous sentons parfois submergés. Quant aux étudiants, ils sont censés en plus apprendre, comprendre, mémoriser toute la somme des programmes de français, mathématiques, histoire-géographie, éducation civique, technologie...

Sans approche méthodique d'une leçon, difficile de ne pas se sentir noyé dans la masse d'information et victime de fatigue, de nervosité, voire de difficultés de concentration.

➤ *Bien gérer son temps*

« Il ne sait pas s'organiser, il ne sait pas gérer son temps. »

Voilà un grief assez récurrent dans la bouche des parents, et cela n'est guère surprenant.

Nous-mêmes adultes avons souvent du mal à gérer notre temps, alors que nous sommes censés maîtriser parfaitement la notion de temps. Cette notion n'est pas innée puisque le découpage du temps n'est que pure convention, et totalement immatérielle pour les enfants (hormis l'alternance jour nuit).

Avant de savoir gérer son temps, encore faut-il que l'enfant sache l'appréhender en l'expérimentant par lui-même, par exemple en le visualisant à l'aide d'un sablier, d'un réveil, d'un calendrier.

Encouragez votre enfant à planifier son travail avant de le commencer et à estimer le temps nécessaire pour chaque tâche (par exemple, trente minutes pour relire les leçons, dix minutes pour chaque exercice de maths, etc.).

Une fois les tâches scolaires planifiées, laissez votre enfant gérer son temps lui-même, à l'aide d'un réveil.

Si votre enfant ne parvient pas à terminer son travail dans le temps convenu, il est préférable qu'il cesse plutôt que de laisser le travail s'éterniser. Il apprendra ainsi à mieux gérer le temps par la suite.

Encouragez votre enfant à prévoir des pauses et à ne pas travailler plus d'une heure d'affilée. Si les facultés de compréhension peuvent se maintenir des heures durant à un niveau élevé, nos capacités à retenir les informations décroissent au bout d'un certain laps de temps. En faisant faire de courtes pauses aux enfants, on peut faciliter leur mémorisation d'un apprentissage. Dans son livre *Une tête bien faite* Tony Buzan[3] décrit de manière précise les courbes de mémorisation pendant une période d'apprentissage avec et sans pauses.

On constate que la mémorisation baisse radicalement si aucune pause n'est faite. Ainsi, au moment des devoirs, les élèves devraient éviter de travailler deux heures d'affilée (ou pire bachoter toute la nuit avant un examen) et s'accorder au contraire de courts moments de répit. L'idéal serait de faire soit une pause de cinq minutes toutes les trente minutes soit une pause de dix minutes au bout d'une heure. Si on leur explique le pourquoi d'une telle routine, il y a peu de

3. Tony Buzan, *Une tête bien faite*, Éditions d'Organisation, 2003.

chances qu'ils soient contre l'idée de s'accorder des petites pauses récompenses à la fin d'un travail accompli.

On reproche souvent aux enfants leur manque de concentration. Or mémorisation et concentration vont de pair. Il sera beaucoup plus facile pour un élève de maintenir un bon niveau de concentration pendant trois périodes de vingt minutes que pendant une heure.

➤ *Les différentes phases d'apprentissage d'une leçon*

Avant de commencer

Beaucoup d'enfants sont dans l'impulsivité mentale au moment des leçons. Avant même de bien lire la consigne et de la comprendre, ils se jettent dans le travail. En voulant gagner du temps, ils en perdent.

La première chose que vous pouvez faire pour aider ces enfants est de leur apprendre à se « mettre en projet » pour donner du sens à une tâche déterminée. Comme nous l'avons dit dans le chapitre sur les objectifs, plus le projet est précis, plus le cerveau s'y prépare et plus l'exécution de la tâche est facilitée.

Voici les questions de base à poser à l'enfant (il apprendra par la suite à se les poser lui-même) afin de l'aider à se mettre en projet :

— Quel est l'objectif de mon travail ?

— Quelle est l'intention du professeur ?

— Quelle est ton intention ?

Par exemple, imaginons que votre enfant doit apprendre une récitation pour le lendemain.

« Quel est ton projet en ce moment ?

— Apprendre la récitation pour demain.

— D'accord, à ton avis quelle est l'intention de la maîtresse en vous demandant ce travail ?

— C'est pour faire travailler notre mémoire.

— OK, et quoi, encore ?

— Pour découvrir des textes, enrichir notre vocabulaire.

— Oui, bravo, c'est certainement le but. Et toi, quelle est ton intention ?

— C'est d'abord de bien mémoriser le texte en le récitant dans ma tête et puis ensuite de m'entraîner à le réciter tout haut.

— OK, bravo, et en vue de quoi ?

— Pour bien le réciter devant la classe. »

Bien sûr, ce petit dialogue peut vous sembler un peu lourd dans sa formulation, mais il est proposé ici à titre de démonstration.

En se mettant en projet, l'élève oriente les processus mentaux à mettre en place, donne du sens à ce qu'il fait, et met son apprentissage en perspective.

Enfin il se projette dans la réalisation de son objectif « bien réciter devant la classe ». Cette phase est très importante et c'est à ce moment-là que vous pouvez inciter l'enfant à se « visualiser » en situation. Il peut s'imaginer mentalement la scène, de la manière la plus réaliste possible, tout en se mettant physiquement dans la situation (ici, debout). Comme dans l'exemple de Juliette (voir page 153).

La phase globale

Apprendre une leçon ne consiste pas, comme certains enfants le font, à traiter le texte de manière chronologique et linéaire, car notre cerveau ne fonctionne pas de façon linéaire mais de façon globale.

Par exemple, notre mémoire ne ressemble en rien à une bibliothèque géante où seraient rangés de manière chronologique et linéaire nos souvenirs et nos connaissances. Au contraire, chaque élément qui s'y trouve suscite tout un réseau complexe d'associations. Prenons l'exemple du mot sur le « bout de la langue » : dans l'instant, impossible de restituer le mot, mais au moment où il est sur le bout de votre langue, votre cerveau est en train de faire des dizaines d'associations qui vont vous aider à le retrouver.

Voici un petit exercice de mémorisation que vous pouvez proposer à votre enfant afin de lui faire expérimenter les mécanismes de la mémoire :

Exercice

Mémoriser le plus de mots possibles

— Lire la liste des mots suivants et tenter de mémoriser le plus de mots possibles :

Chat, cuillère, tomate, tortue, cerise, crayon, pomme, cahier, éponge, chien, gomme, fourchette.

— Calculer le score (il est normal que des mots soient oubliés).

— Maintenant tenter de mémoriser ces mêmes mots en les classant par série :

Chat, chien, tortue (animaux), cuillère, fourchette, éponge (ustensiles de cuisine).

Tomate, cerise, pomme (fruits), crayon, gomme, cahier (matériel scolaire).

— Calculer le score. Il sera certainement bien supérieur au précédent.

La mémoire a besoin d'établir des liens entre les connaissances. Quand on fait des liens entre les informations, des connexions, on les retient. À l'inverse, une information isolée est oubliée.

Dans le chapitre sur la motivation, nous avons parlé de la nécessité pour l'élève de faire des liens entre les apprentissages.

Tout comme la mémoire, la pensée de l'homme n'est pas linéaire, pas plus que le langage écrit ou oral ou que la lecture. Contrairement à ce que l'on pourrait croire, nous ne lisons pas les lettres et les mots les uns à la suite des autres.

Lisez le texte suivant :

« Sleon une édtue de l'Uvinértisé de Cmabrigde, l'odrre des ltteers dans mto n'a pas d'ipmrotncae, la suele coshe ipmrotnate est que la pmeirère et la drenèire soient à la bnnoe pclae *C'est prace que le creaveu hmauin ne lit pas chuaque ltetre elle-mmêe, mias le mot cmome un tuot*[4]. »

On peut faire l'analogie entre une leçon à apprendre et un livre qu'on aborde pour la première fois. Que faites-vous avant d'acheter un livre ? Votre œil a accroché le titre. Vous prenez le livre en main, vous lisez le nom de l'auteur, vous retournez le livre et lisez le résumé au dos de la couverture. Puis éventuellement, vous regardez le sommaire ou feuilletez quelques pages. C'est à quelques variantes près ce que nous faisons tous, et c'est de cette manière que devraient procéder les élèves lors de la première phase d'apprentissage d'une leçon :

— Regarder le titre de la leçon, puis les titres secondaires.

---

4. Selon une étude de l'Université de Cambridge, l'ordre des lettres dans le mot n'a pas d'importance, la seule chose importante est que la première et la dernière soient à la bonne place. C'est parce que le cerveau humain ne lit pas chaque lettre elle-même, mais le mot comme un tout.

— Lire le résumé, les encadrés, regarder le cas échéant les schémas, les photos.

— L'aperçu global donne une compréhension globale qui facilite l'analyse plus fine à suivre.

La phase d'approfondissement

La phase d'approfondissement comprend la lecture (plus ou moins exhaustive) du texte ou de la leçon à apprendre. L'assimilation et la compréhension ont été facilitées grâce à la phase précédente. Les idées fortes et les mots clés repérés servent de point de repère sur lesquels les informations plus complètes vont pouvoir être reliées.

Si la leçon ou le texte à étudier comporte des passages difficiles, l'élève a tout intérêt à les laisser de côté pour commencer. S'attarder et s'acharner sur une difficulté n'est pas une stratégie rentable et cohérente avec le fonctionnement cérébral. Le cerveau n'aime pas le stress et a besoin de pauses pour assimiler, et ces pauses ne l'empêchent pas de travailler à sa manière, c'est-à-dire sans effort conscient de notre part.

Si vous êtes cruciverbiste, il vous est certainement arrivé plus d'une fois de bloquer sur une définition, de la laisser de côté et de trouver la réponse plus tard, voire le lendemain matin.

La phase de révision

Les révisions sont indispensables pour ancrer les acquis car elles constituent la phase de réactivation de la mémoire. S'il n'y a pas rapidement de réactivation, c'est-à-dire de révision des connaissances, celles-ci partent inexorablement aux oubliettes. Les connaissances comme les savoir-faire sont d'autant mieux intégrés qu'ils ont été répétés régulièrement

rement. Qu'il s'agisse de pratiquer une langue étrangère ou le golf, ce qui compte c'est la pratique.

Faire des révisions régulières et de courte durée est le meilleur moyen de sauvegarder les connaissances et de se dispenser de gros efforts futurs. En général, parents et enseignants insistent sur la nécessité des révisions, mais sans en expliquer le pourquoi.

Se dispenser de plus gros efforts ultérieurs, voilà pourtant un message qui devrait être porteur d'autant qu'il existe des moyens peu fatigants de réviser efficacement.

Apprendre en dormant

Pendant le sommeil paradoxal (celui des rêves), notre cerveau est en activité : il trie les informations, les réorganise, les range dans la mémoire à long terme. Ainsi, au réveil, cette faculté de réorganisation facilite l'apprentissage, la mémorisation et la résolution de problèmes.

C'est pourquoi, nous invitons les élèves à relire leurs cours juste avant de se coucher, mais sans fournir d'effort particulier. Le sommeil peut être un formidable allié et il est capital de veiller à ce que les enfants et les adolescents aient un sommeil régulier d'au moins huit heures par nuit.

De nombreux étudiants sacrifient des heures de sommeil au moment des examens alors que c'est précisément à ce moment-là qu'il faudrait privilégier à la fois le repos et la détente.

➤ *Le* mind mapping : *un outil pour organiser sa pensée et faciliter l'apprentissage*

Qu'est-ce que le mind mapping *?*

Le *mind mapping*[5] est un schéma qui permet de regrouper toutes les idées qui nous viennent autour d'une idée, ou d'un sujet central. C'est une manière globale et visuelle de mettre en forme les idées, sorte de cartographie instantanée des connexions de notre pensée.

C'est un merveilleux outil pour apprendre, réviser, mémoriser et développer la créativité de manière ludique. Il peut être utilisé par les enfants dès le primaire et il est recommandé à tous les élèves dès le collège.

Le *mind mapping* en pratique

1. Se munir d'une grande feuille,
2. mettre l'idée principale au centre sous forme de dessin ou de symbole,
3. faire des ramifications pour chaque idée nouvelle,
4. écrire le mot/idée en majuscule (plus facile à mémoriser) et l'illustrer par un dessin (symbole, pictogramme),
5. utiliser des couleurs.

5. Tony et Barry Buzan, *Mind Map*, Éditions d'Organisation, 2003.

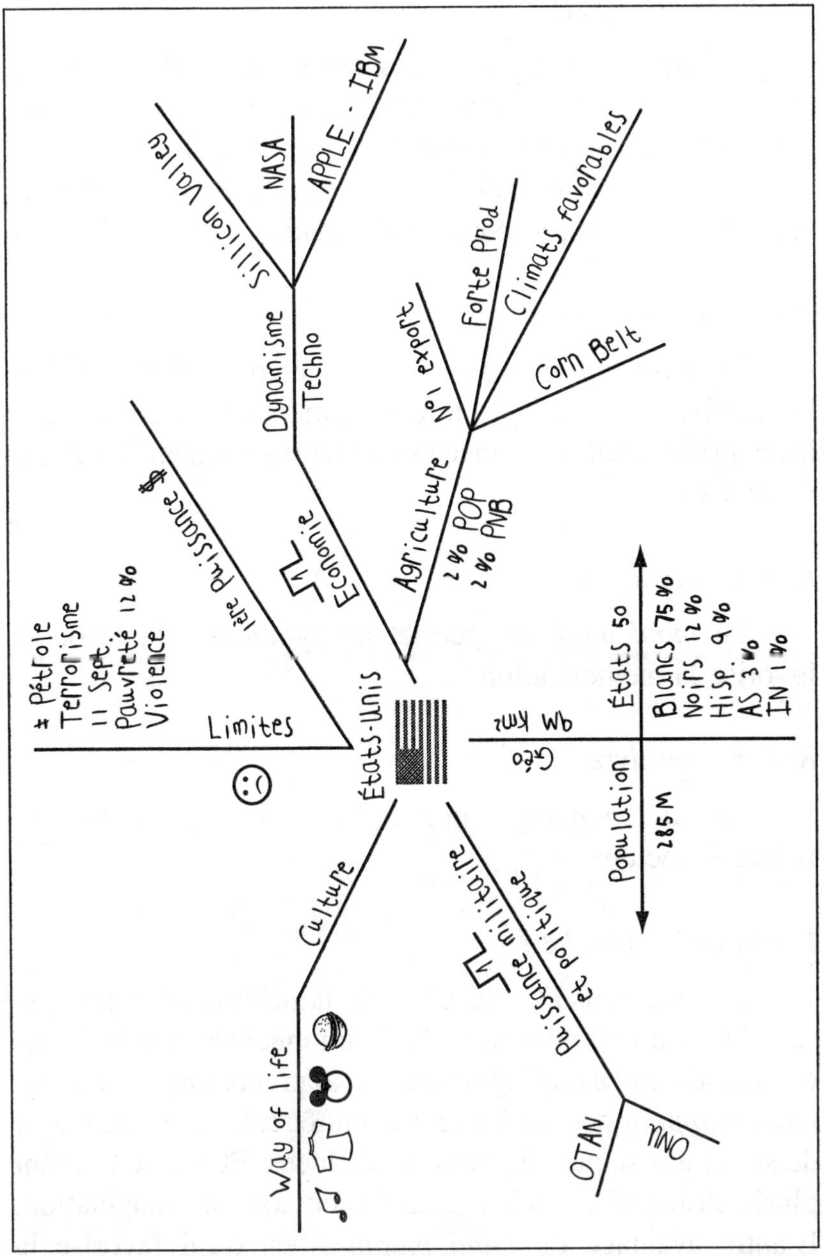

Exemple de *mind mapping* sur les États-Unis réalisé par un collégien de 3e.

Préparer un exposé

Le sujet de l'exposé est dessiné au centre et l'élève (ou les élèves) écrit toutes les idées qui lui viennent à l'esprit sur le sujet et qui constitueront les parties de l'exposé.

Le schéma ainsi réalisé pourra éventuellement servir de support lors de la présentation en cours.

Préparer une dissertation

Le *mind mapping* facilite la recherche d'idées et libère la créativité. Le sujet de la dissertation est au centre. Les idées principales et les idées secondaires forment des ramifications.

Réviser une leçon

Le *mind mapping* permet de synthétiser la leçon et favorise la mémorisation.

Résumer un livre

Le *mind mapping* peut remplacer avantageusement les fiches de lecture.

Pourquoi ça marche ?

Comme nous l'avons déjà dit, la méthode d'apprentissage linéaire va à l'encontre du fonctionnement cérébral tandis que le *mind mapping* permet un apprentissage global. Le *mind mapping* permet à l'enfant plutôt créatif et imaginatif de structurer sa pensée, de trier ses idées. Et il aide l'enfant plutôt structuré et moins créatif à libérer son imagination. L'autre avantage du *mind mapping* est qu'il favorise la mémoire visuelle et donc la mémorisation à long terme.

Cet ouvrage s'achève, mais nous espérons que votre curiosité et votre désir d'apprendre, de partager, d'inventer et d'expérimenter avec vos enfants ne vous quitteront plus.

Vous trouverez ci-dessous une liste d'ouvrages pour en savoir plus sur les principaux thèmes que nous avons abordés.

Pour en savoir plus

➤ *Sur la motivation scolaire*

ACKER V., INZIRILLO C., LEFEBVRE B., *Ados, comment les motiver,* Marabout, 2000.

BÉLIVEAU M.-C., *Au retour de l'école, la place des parents dans l'apprentissage scolaire,* Éd. Hôpital Sainte-Justine, 2000.

CAUSSE-MAGUI I., *À chaque enfant ses talents – vaincre l'échec scolaire,* Éd. Le Pommier, 2000.

LA GARANDERIE A. DE, *La Motivation,* Bayard, 1996.

PLEUX D., *« Peut mieux faire », Remotiver son enfant à l'école,* Odile Jacob, 2003.

➤ *Sur le coaching*

EMMENECKER A.-P., RAFAL S., *Coaching mode d'emploi*, Marabout, 2004.

WHITMORE MAXIMA J., *Le Guide du coaching,* Éd. Laurent du Mesnil, 2002.

➤ *Sur la programmation neurolinguistique*

BANDLER R., *Un cerveau pour changer,* InterÉditions, 2000.

BANDLER R., GRINDE J., *Les Secrets de la communication, les techniques de la PNL,* Le Jour, 1998.

SAINT-PAUL J. DE, *L'Esprit de la magie,* InterÉditions, 1999.

THIRY A., LELLOUCHE Y., *Apprendre à apprendre avec la PNL*, De Boeck Université, 1996.

➤ Sur la communication émotionnelle

D'ANSEMBOURG T., *Cessez d'être gentil, soyez vrai,* Éditions de l'Homme, 2001.
GOLEMAN D., *L'Intelligence émotionnelle*, Robert Laffont, 1997.
GORDON T., *Parents efficaces,* Marabout, 1970.

➤ Sur la gestion mentale

LA GARANDERIE A. DE, CATTAN, *Tous les enfants peuvent réussir,* Bayard, 1998.
LA GARANDERIE A. DE, *Réussir ça s'apprend*, Bayard, 1994.

➤ Sur le développement des capacités d'apprentissage

BUZAN T., *Tout sur la mémoire*, Éditions d'Organisation, 2004.
EDWARDS B., *Dessiner grâce au cerveau droit,* Éditions Mardaga, 2002.
HANNAFORD C., *La Gymnastique des neurones,* Éd. J. Grancher, 1999.
HOURST B., *Au bon plaisir d'apprendre,* InterÉditions, 2002.
LE PONCIN M., *Gym intelligence*, Éditions du Rocher, 2002.
ROTROU J. DE, *La Tête en pleine forme*, Robert Laffont, collection « Réponse », 2002.

➤ Sur le Mind Mapping

Buzan T. et B., *Mind Map,* Éditions d'Organisation, 2003.

➤ Sur l'approche orientée solutions

CABIÉ M.-C., ISEBAERT L., *Pour une thérapie brève,* Érès, 1997.
DURRANT M., *Stratégies pratiques en milieu scolaire*, Le germe Satas, 1997.
ELKAIM M. (sous la direction), *Panorama des thérapies familiales,* Le Livre de poche, 2003.

➤ *Sur la relation parent-enfant et la psychologie de l'enfant*

Buzin E., *Papa, maman, laissez-moi rêver*, Albin Michel, 1995.
Dolto F., *La Cause des enfants*, Le Livre de poche, 2003.
Dolto F., *La Cause des adolescents,* Robert Laffont, 1998.
Liaudet J.-C., *Dolto expliquée aux parents,* L'Archipel, 1998.
Houziaux A., Bebe P., Eliacheff C., Lassus P. (sous la direction), *Peut-on faire le bonheur de ses enfants ?* Éditions de l'Atelier, 2003.
Winnicott D.W., *Jeu et Réalité,* Le Livre de poche, 2002.

➤ *Sur l'estime de soi*

André C., Lelord F., *L'Estime de soi,* Odile Jacob, 1999.

➤ *Quelques sites utiles*

www.nlpok.com
www.ifpnl.fr/
www.ebta.nu/
www.gestionmentale.com/

➤ *Sur l'association « plaisir de réussir »*

Plaisirdereussir@com.fr
Plaisirdereussir@yahoo.fr

Table

Chapitre 2
DEVENEZ UN PARENT COACH

Chapitre 3
COMMUNIQUEZ AVEC VOTRE ENFANT

Chapitre 4
APPRENEZ À GÉRER LES CONFLITS

Chapitre 5
AUGMENTEZ SA MOTIVATION

Chapitre 6
DÉVELOPPEZ SA CONFIANCE EN SOI

Chapitre 7
AMÉLIORER SES CAPACITÉS D'APPRENTISSAGE

CET OUVRAGE A ÉTÉ COMPOSÉ
ET MIS EN PAGES CHEZ NORD COMPO (VILLENEUVE-D'ASCQ)
ET ACHEVÉ D'IMPRIMER SUR ROTO-PAGE
PAR L'IMPRIMERIE FLOCH À MAYENNE
EN OCTOBRE 2004

N° d'impression : 61063.
N° d'édition : 7381-1555-X.
Dépôt légal : octobre 2004.

Imprimé en France